Journal

geführt während des Feldzuges

1807 (I)

01.01.1807 - 25.05.1807

Beiträge zur sächsischen Militärgeschichte zwischen 1793 und 1815

Heft 80

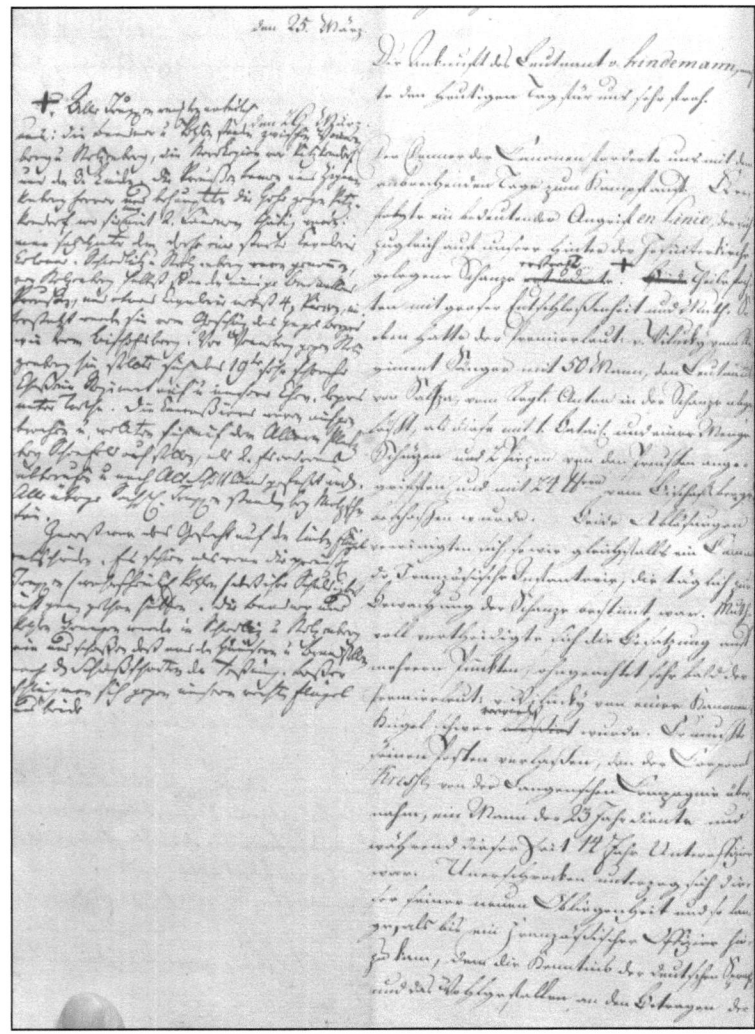

Abb. 01 Faksimile Einträge zum 25. und 26.03.1807

Journal

geführt während des Feldzuges

1807 (I)

01.01.1807 - 25.05.1807

Bibliographische Information der Deutschen Bibliothek

Die Deutsche Bibliothek verzeichnet diese Publikation in der Deutschen Nationalbibliographie; detaillierte bibliographische Daten sind im Internet über http://dnb.ddb.de abrufbar.

Die Deutsche Bibliothek – CIP – Einheitsaufnahme

Jörg Titze (Hrsg.)

Journal geführt während des Feldzuges 1807 (I)

01.01.1807 - 25.05.1807

ISBN 978-3-7568-4418-0

© 2023 Jörg Titze

Herstellung und Verlag:

BoD – Books on Demand, Norderstedt

1.   Einleitung

In diesem Heft wird das vom damaligen Hauptmann im Regiment Prinz Albrecht Chevauxlegers, von Gersdorff[1], geführte Journal[2] während des Feldzuges 1807 wiedergegeben.

Gersdorff machte den Feldzug als Adjutant des kommandierenden Generalleutnants von Polenz mit, übernahm - nach dem krankheitsbedingten Tod des Quartiermeisters Major von Egidy am 18.03.1807 - dessen Funktion (zumindest in Teilen) und legte damit den Grundstein für seine Karriere im Generalstab.

Der hier vorliegende erste Teil der Wiedergabe endet mit der Kapitulation von Danzig am 25.05.1807. Im zweiten Teil werden dann die Einträge vom 25.05.18107 bis zum 31.12.1807 wiedergegeben.

Dem interessierten Leser wünsche ich eine interessante Lektüre.

Eilenburg im April 2023

Jörg Titze

———

umseitige Abb. 02: Danzig Hagelsberg zwischen Oliva-Tor und Neugartner Tor mit Teilen der Belagerungsarbeiten

---

[1] Carl Friedrich Wilhelm von Gersdorf (* 16. Februar 1765 in Glossen bei Weissenberg (Lausitz); † 15. September 1829 in Dresden) / 1785 Unteroffizier, 1786 Sousleutnant, 1793 Premierleutnant, 1805 Hauptmann, 1807 Major, 1809 Oberstleutnant, 1809 Oberst, 18.07.1809 Generalmajor, 30.06.1812 Generalleutnant

[2] Hauptstaatsarchiv Dresden, Bestand 11 339 Generalstab, Akte No. 263. Es existiert noch eine Abschrift (o.O, o.J.), die ebenfalls im HStA Dresden (Bestand 11 372 Militärgeschichtliche Sammlung, Akte No. 082) zu finden aber aufgrund von Abschreibfehlern mit dem Original nicht zu 100% identisch ist.

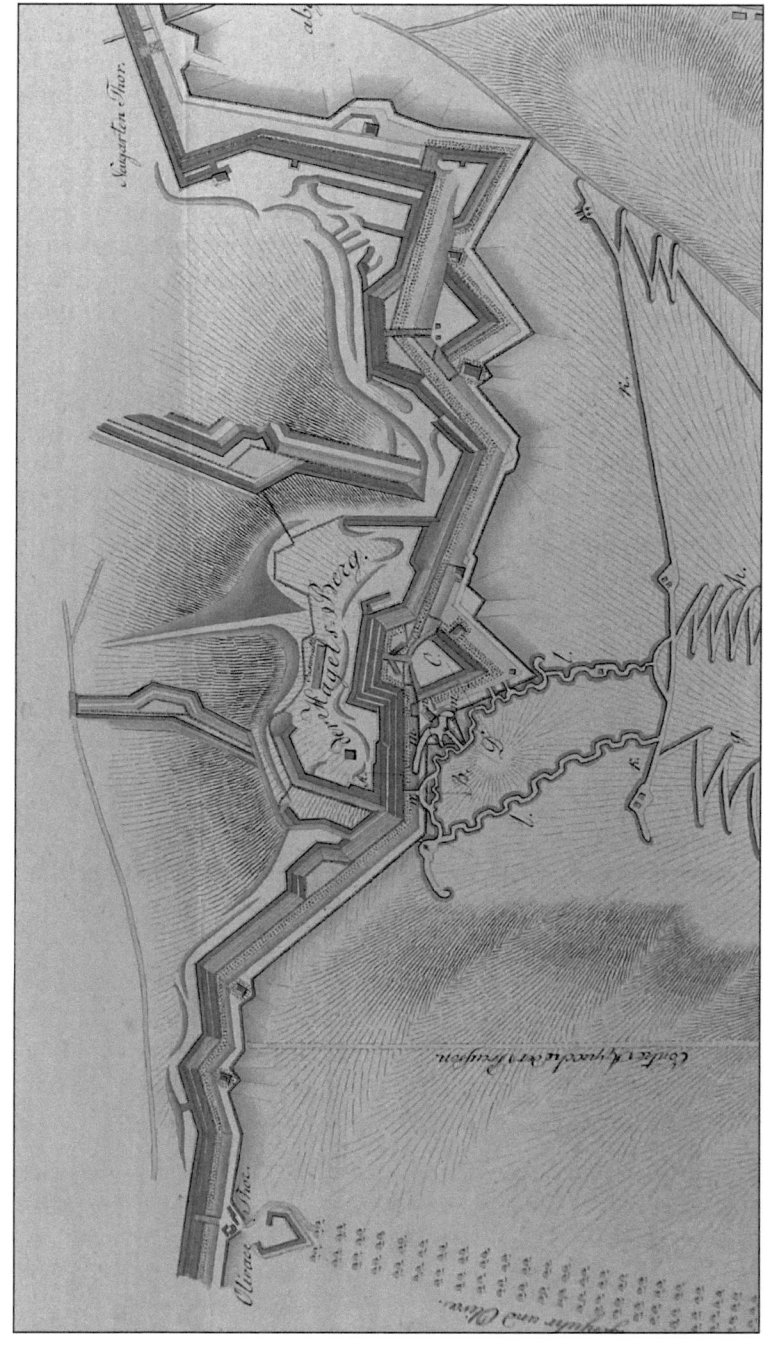

In Folge jener ewig merkwürdigen Schlacht bei Jena schloß Sachsen einen Separatfrieden mit Frankreich ab, es nahm nächstdem die Königswürde an und trat dem rheinischen Bunde bei. Neue Verbindlichkeiten mussten aus diesem Schritt erwachsen. Der nunmehrige König musste als Frankreichs Verbündeter ein Kontingent zum allgemeinen Zuge gegen die Preußen und Russen stellen, das im Ganzen auf 20.000 Mann festgesetzt war, jetzt der zerstörend eingetreten gewesene Verhältnisse wegen bloß auf 1.500 Mann Kavallerie
4.500 Mann Infanterie
300 Artilleristen mit
12 Piecen
bestimmt wurde.

Die zerrüttete Lage, in der sich die sächsische Kavallerie durch die Abgabe der Pferde an Frankreichs Herrn befand, gestattete nur das Regiment König Kürassiere vollzählig zu stellen. Auch konnte man eine starke Eskadron von den wenigen brauchbaren Pferden aus den übrigen Eskadron zusammensetzen, eine Maßregel, durch die man jenes Erfordernis immer noch nicht zu decken im Stande war. Die nötigen Vorstellungen dieselhalb an des Kaisers und Königs Majestät bewirkten, dass das an Kavallerie Fehlende durch Infanterie ergänzt werden durfte.

Die Division bestand daher aus:
- dem kommandierenden Generalleutnant von Polenz
- 2 Adjutanten, Major und Quartiermeister von Egidy, Hauptmann von Gersdorff vom Rgt. Albrecht Chev:leg:
- Brigade-Major, Premierleutnant von Globig, Rgt. Rechten
- Ingenieur-Architekt, Premierleutnant Clauß
- Ingenieur-Geograph: Premierleutnant Lehmann
- Kommissariats-Direktor, Kriegsrat Krebs

A. Infanterie
1ste Brigade
Generalmajor von Oebschelwitz
Adjutant, Hauptmann von Haacke, Rgt. König
Ordonnanzoffizier, Sousleutnant von Langenau, desgl.

1 Grenadierbataillon, Clemens und Oebschelwitz unter dem Major von Süßmilch, Rgt. Anton

1 Regiment Sänger
2tes Bataillon Prinz Max unter Oberstleutnant Vogel

2te Brigade

Generalmajor von Glaffey
Adjutant, Premierleutnant Rotzsch, Rgt. Anton
Ordonnanzoffizier, Sousleutnant Roos, desgl.
1 Grenadierbataillon, Sänger und Low unter Oberstleutnant von Cerrini, Rgt. Sänger
1 Regiment Prinz Anton
1stes Bataillon Bevilaqua unter Oberst von Hartitzsch

B. Kavallerie

4 Eskadrons König Kürassiers unter dem Generalmajor von Besser
1 Eskadron Chevauxlegers, bestehend aus Johann und Polenz unter Major von Schindler, v. Rgt. Johann

C. Artillerie

Hauptmann Kirsten als Kommandant
1 Batterie von 4 schweren 8-Pfündern und 2 4pfd.gen Granat-stücken unter dem Hauptmann Sigismund
1 dergl: und Hauptmann Malherbe

	Etat		Train		
	Mann	Pferde	Mann	Pferde	Wagen
Generalstab	23	20			
I.Brigadestab	3				
1 Gren.btl. Süßmilch	601		8	25	6
2 Musk.btl. Sänger	1.197		15	47	12
1 Musk.btl. Max	598		8	25	6
II.Brigadestab	3				
1 Gren.btl. Cerrini	601		8	25	6
2 Musk.btl. Anton	1.195		15	47	12
4 Esk. König Kür.	688	649	11	27	6
1 Esk. Chev:leg:	199	190	2	5	1
2 Batterien Art.	150		118	111	16
Park u. Reserve	150		138	229	20
Kommissariat pp.			202	244	
Summa	5.408	859	525	785	85

Der 1te Januar 1807 war der Tag, an welchem obiges Korps auf den mobilen Etat gesetzt wurde. Die Notwendigkeit, sich der französischen Armee, indem man neben ihr Dienst tat, auch in Hinsicht der Verfassung einigermaßen gleichzustellen, hatte mehrere Abänderungen herbeigeführt. Zwar folgte uns noch, wie vorstehender Etat beweist, ein bedeutender Troß, inzwischen beabsichtigte man doch dadurch eine mehrere Leichtigkeit, dass man:

a) die Zelter und folglich auch Zeltdecken und Zelterpferde wegfallen ließ,

b) gesamte Offiziers der Infanterie, ausgenommen, die so 40 Jahre alt waren, zu Fuß gehen, und

c) alle Beimontierungspferde wegfallen ließ; dahin gegen nahm jede Kompanie 1 Wagen mit;

d) desgl: Brotpferde und Brotwagen;

e) ebenso die ärarischen Packpferde der Offiziers.

f) Jede Eskadron nur 1 Wagen und 1 Packpferd hatte.

Unter solchen Vorbereitungen erwartete man seine zukünftige Bestimmung und das Korps nur die bestimmten Befehle des Kaisers Majestät, um ihr warm entgegen zu eilen.

Der kommandierende Generalleutnant meldete sich den 1sten Januar beim König. Er unterzog sich seinen Obliegenheiten sogleich und kehrte nur auf einige Tage in seine Garnison zurück, von wo er den 19ten wieder in Dresden eintraf.

Die Umstände erforderten eine Zusammenziehung des Korps in und bei Dresden. Es war zu zerstreut, um außerdem disponibel sein zu können. In dieser Hinsicht trafen die Regimenter an folgenden Tagen in ihren Kantonierungen ein:

Grenadierbataillon von Cerrini am 15ten Januar: Klipphausen, Sachsdorf, Hinndorf, Klein-Schönberg, Weißtrapp, Hartha und Pinkwitz

Grenadierbataillon von Süßmilch den 16ten Januar: Wilsdruff, Limbach, Birkenhain und Helbigsdorf

Regiment Prinz Anton den 17ten Januar: Schmiedewalde, Burkertswalde, Tanneberg, Groitzsch, Neukirchen, Blankenstein und Steinbach

Regiment Sänger den 17ten Januar: Priestnitz, Chemnitz, Mobschütz, Stützsch, Mörbitz, Leutewitz, Rennersdorf, Rabschütz, Ober Wartha, Roitzsch, Zelmen, Steinbach, Unkersdorf und Kaufbach

2te Bataillon Prinz Max den 18ten Januar: Röhrsdorf, Neustadt, Ullendorf, Riemsdorf

1ste Bataillon Bevilaqua den 18ten Januar: Lampersdorf, Sora, Taubenheim und Seelingenstadt

Regiment König Kürassiers den 19ten Januar:

1ste Eskadron	Dippoldiswalde
2te	Reichsstädt
3te	Reinholdshain, Oberhäßlich, Hirschbach
4te	Reinhardsgrimma, Hausdorf

Detachement Johann den 19ten Januar konzentriert bei Radeberg, in Wallroda pp.

Detachement Artillerie den 19ten Januar in Dresden

Park, Kasse und Train den 19ten Januar in Dresden

Vom 21ten Januar bildete sich Dresden nunmehr zum Hauptquartier, in welchem früh 10 Uhr in des kommandierenden Generals Quartier der Befehl ausgegeben wurde. Von diesem Tage an konnte auch nur die eigentliche Führung dieses Journals beginnen, das eine getreue Darstellung der Ereignisse beim Korps, jedoch nur in faktischer Hinsicht enthalten soll.

<u>Den 21. Januar 1807</u>   Andreas und Strehlen

Alle Vorträge, Meldungen und dergl: gehen von den Bataillons und Regimentern unmittelbar an den kommandierenden Generalleutnant, dagegen erhalten sie alle Befehle, Resolutionen und dergl: durch die Brigadiers, wenn nicht schnelle Verfügungen unmittelbare Mitteilungen notwendig machen.

<u>Den 22. Januar</u>   Benjamin und Riesa

<u>Den 23. Januar</u>   Christoph und Königstein

<u>Den 24. Januar</u>   Dietrich und Artern

<u>Den 25. Januar</u>   Gotthard und Zittau

Es wurde der Auditeur Plant vom Regiment Prinz Anton die Stelle eines Oberauditeurs beim Korps übertragen.

Den 26. Januar   Bernhardt und Barby

Den 27. Januar   Hugo ud Elsterwerda

Den 28. Januar   Lucas und Ölsnitz

Das Feldhospital wurde in der Vorstadt vor dem Tore angelegt

Den 29. Januar   Oswald und Zwickau

Die Regimenter, Bataillons, Artillerie und Park waren nunmehr mit gesamten Mobilmachungspferden versehen.

Den 30. Januar   Ullrich und Königsbrück

Die Bataillons erhielten ihre Minitionswagen.

Den 31. Januar   Thomas und Lützen

Der Hauptmann Kirsten, Kommandeur des Detachements Artillerie, machte einen unglücklichen Versuch, sein Leben zu enden. Er verfehlte seine Absicht. Seine Stelle beim Korps wurde durch den Hauptmann Semder ersetzt.

Februar 1807

Den 1. Februar   Das Korps bezog heute eine weitere und nachfolgende Dislokation, die zugleich eine Veränderung der Brigadiers erforderte, indem der Generalmajor von Oebschelwitz die vormalige 2te, der Generalmajor von Glaffey die 1ste Brigade erhielt.

Hauptquartier, Kasse in Dresden

Generalmajor von Oebschelwitz, Dresden

Grenadierbataillon von Süßmilch - in der Gegend zwischen dem Lockwitzbach und der Straße nach Dippoldiswalde, als: Kreischa, Quehren, Klein Karschdorf, Possendorf, Börnichen, Wilmersdorf, Häynchen, Kaubschütz, Sobringen, Gaustwitz, Golpwerda, Prießgen und Kleba.

Regiment Sänger in der Gegend zwischen der Seidewitz und Lockwitzbach, als: Birnsdorf, Seidewitz, Nenntmannsdorf, Ober- und Nieder-Meisegast, Krebs, Groß- und Klein-Sedlitz,

Falkenhayn, Krotta, Schmordsdorf, Maxen, Witttgensdorf, Sayda, Lungwitz, Gombsen, Burgstädt, Groß- und Klein-Borthen, Bloschwitz, Sürfen, Tranitz, Gurcknitz, Büsewitz, Röhrsdorf und Lockwitz

1 Musketier-Bataillon Pr. Maximilian, in der Gegend zwischen der Dippoldiswalder Straße und er Weißeritz, als: Niederhäselich, Klein-Naundorf, Rüppchen, Bannewitz, Eutschütz, Rosentitz, Nothnitz, Bodewitz, Jütersen, Birckigt, Burkoschitz, Koppeln, Gastwitz und Ober-Naundorf

Generalmajor von Glaffey - Grafenhayn

Grenadierbataillon von Cerrini, in der Gegend um Radeburg, als: Stadt Radeburg, Bärwalde, Berbisdorf, Großdittmannsdorf, Medingen und Marsdorf

1 Musketierbataillon Bevilaqua, in der Gegend zwischen Hayn und Radeburg, als: Beyersdorf, Ober- und Nieder-Rödern, Freitalsdorf, Eber'sbach und Kunnersdorf

2 Musketierbataillone Prinz Anton, Großenhayn und Gegend, als: Hayn, Naundorf, Mölbitz, Weßnitz, Zschischen, Zschauitz, Benz, Dallwitz, Reinersdorf, Hohndorf, Ermendorf, Großdobritz, Jeßen, Böhla, Baselitz, Grießlitz, Gebernitz, Biskowitz, Wartewitz, Stauden Pristewitz.

4 Eskadrons König Kürassiers, Dippoldiswalde und Gegend, als: Dippoldiswalde, Reichstädt, Ulbersdorf, Reinholdshayn, Hirschbach, Haußdorf, Oberhäslich, Reinhardtsgrimma, Hermsdorf, Wendischkarschdorf und Groß-Ölse

1 Eskadron Chevauxlegers, in der Gegend um Dresden, zwischen der Weißeritz und der Straße nach Pirna, als: Kaintz, Klein-Postwitz, Mockwitz, Leibnitz, Torna, Nickern, Brohlis, Roigk, Zschernitz, Neuostra und Gauscha.

2 Batterien, Park und Reserve, an der Straße von Dresden nach Pirna, längs der Elbe, als: Strehlen, Gruna, Striesen, Blasewitz, Seidnitz, Tolkewitz, Großdobritz, Leuben, Sparwitz, roß-Zschackwitz, Meuslitz, Groß- und Klein-Luga, Gommern, Mügeln, Heidenau, Nieder-Sedlitz, Laubegast und Zschirna.

Kommissariat, Kasse, Feldlazarett, Haupt-Magazin in Dresden

Fourage-Depot in Meißen

Brot-Depot in Großenhayn

Das Detachement Johann passierte die Residenz

Den 2. Februar   Hubert und Hoyerswerda

Den 3. Februar   Theodor und Stolpen

Das Detachement von Polenz ging heute durch die Residenz und stieß zur Eskadron Schindler.

Es ging die nähere Bestimmung des Korps und die Anweisung zum schleunigen Aufbruch ein. Er wurden dieserhalb schon auf den 5ten festgesetzt und folgender Gestalt angeordnet:

Das Korps marschiert in 4 Kolonnen

1ste Kolonne unter dem Generalmajor von Oebschelwitz
      1 Grenadierbataillon von Süßmilch
      2 Musketierbataillone Sänger
      1 Musketierbataillon Prinz Max und
      1 Eskadron von Schindler

Sie bricht den 5ten auf und erhält die Infanterie Quartier in Dresden.

2te Kolonne unter Kommando des kommandierenden Generals
      2 Bataillone Prinz Anton
      1 Bataillon Bevilaqua
      4 Eskadrons König Kürassiers

bricht den 7ten auf, das Hauptquartier selbst den 8ten. König Kürassiers den 7ten bis Dresden.

3te Kolonne unter dem Generalmajor von Glaffey
      1 Grenadierbataillon von Cerrini
      2 Batterien 8-Pfünder

letztere brechen den 9ten Febr: aus ihren Kantonierungen auf, das Grenadierbataillon den 10ten.

4. Kolonne unter dem Artilleriecapitaine Semder
      Park, Kommissariat, Lazarett und Reserve-Fuhrwesen
bricht den 12ten auf.

Zu Regulierung der Marschangelegenheiten im Ganzen ging der Premierleutnant und Brigademajor von Globig, für die 1ste Kolonne der Sousleutnant von Langenau, für die 2te der Ingenieurleutnant Claus, für die 3te Sousleutnant Roos und für die 4te der Stückjunker Hertel voraus.

<u>Den 4. Februar</u>   Ruhe

<u>Den 5. Februar</u>   es konzentrierte sich die 1ste Kolonne in und bei Dresden und passierte Dresden. Die Infanterie wurde insgesamt in Dresden einquartiert. Die Eskadron Schindler in Weißig, Bühla pp. Ein Korporal und 35 Gemeine desertierten vom Bataillon Pr: Maximilian. Es veranlasste dies den kommandierenden General eine geschärfte Ordre dieserhalb ergehen zu lassen, die von dem Generalmajor von Oebschelwitz auf morgen der Kolonne publiziert werden soll. Der kommandierende General beurlaubte sich nebst seinen Generalstab bei Sr. Majestät.

<u>Den 6. Februar</u>   die 1ste Kolonne setzte ihren Marsch bis in und gegen Bischofswerda fort, der Generalmajor von Oebschelwitz brach für eine Person selbst auf. - Die Publikation der gestern erwähnten Ordre hatte eine vorteilhafte Wirkung gehabt. Die Folgen deren äußerten sich in einem lauten Versprechen der gesamten Mannschaft, treu und redlich zu handeln. Ein aus Berlin vom General Clarke kommender Kurier macht den Kommandant Thiard auf die Streifereien mehrerer preußischer Offiziers an der Grenze aufmerksam, die zusammengelaufene Trupps und namentlich den bayrischen Oberstleutnant Michel in Crossen überfallen und daselbst mehrere Mann niedergehauen und Pferde genommen hatten. Auf die Veranlassung des Generals Clarke bekam der Major von Schindler den Befehl, sich von der Kolonne zu trennen und über Hoyerswerda, Spremberg nach Fürstenberg zu gehen, und dort nach erfolgter Vereinigung mit französischem Militär die ferneren Befehle des General Clarke abzuwarten.

Der Leutnant und Brigademajor von Globig ging heute ab, um den Marsch im Ganzen bis Posen zu regulieren und den Kommandanten und Gouverneurs von unserer Ankunft in Glochau und Posen Meldung zu machen.

Den 7. Februar   Konzentrierung der 2. Kolonne bei Dresden. Durchmarsch des Regiments König bis in die Gegend von Weißig und Bühle. Aufbruch der Infanterie von Großenhain pp. und Marsch bis in und bei Königsbrück.

Erste Kolonne bis in und bei Bautzen.

Den 8. Februar   das Hauptquartier brach von Dresden auf. Die Infanterie bis in die Gegend von Kamenz, König Kürassiers bis in und bei Bischofswerda, wo auch das Hauptquartier war. - Abends ging die Meldung des Generals von Oebschelwitz ein, dass der Leutnant von Globig in Bunzlau von einer preußischen Patrouille aufgegriffen und gefangen genommen worden sei. Es war dem General von Oebschelwitz die Nachricht hiervon durch den vorausgegangenen Leutnant von Langenau aus Görlitz zugekommen, der mit seinen ferneren Geschäften natürlich innehalten musste, und sich nunmehr bloß bemühte, nähere Erkundigung über die unvermutete Erscheinung des Feindes an unserer Grenze einzuziehen. Man hielt sie für streifende Parteien, die zum Korps des Fürsten Pleß gehörten, dessen Existenz bald bezweifelt, bald sehr groß angegeben wurde, und das sich innerhalb der Gebirge von Hirschberg und Löwenberg aufhalten sollte. - Sofort wurde an Se. Majestät gemeldet.

Die 1ste Kolonne hatte in und bei Bautzen Rasttag.

Den 9. Februar   Erste Kolonne in und bei Weißenberg. Hauptquartier, 2te Kolonne in und bei Bautzen, wo sie sich nunmehr konzentrierte. Aufbruch der 3te Kolonne nebst Generalmajor von Glaffey und Konzentrierung derselben.

Den 10. Februar   Erste Kolonne in und bei Görlitz. Hauptquartier und 2te Kolonne Rasttag in Bautzen. Dritte Kolonne nebst der 4ten Vereinigung in und bei Bischofswerda.

Die Lage der Umstände, da nämlich durch die Gefangennehmung des Leutnants von Globig man nicht nur überhaupt auf preußische Streifereien aufmerksam geworden war, sondern auch, dass durch die ihm abgenommenen Depeschen dem Feind die Stärke unserer Kolonnen und ihre Routen bekannt wurden, veranlassten eine andere Marschdirektion. Die erste

Folge davon war die nurgedachte Vereinigung der 3ten und 4ten Kolonne und der dem General von Oebschelwitz nachgesendete Befehl, bis in die Gegend von Waldau vorzurücken und dort fernere Befehle abzuwarten.

Es ist begreiflich, dass dem Ereignis mit Globig eine Menge sehr übertriebener, oft ganz widersinniger Gerüchte folgten. Unter die letzteren gehörte ein vorgebliches Vordringen der Österreicher bis Zittau und Herrnhut. Soviel natürliche Gründe auch am Tage lagen, die die Sache bezweifeln ließen, so glaubte der kommandierende General es seiner Pflicht ganz angemessen, die Sache in der Nähe durch einen Offizier untersuchen zu lassen. Er wählte hierzu den Adjutant Leutnant Schierbrand von Niesemeuschel. Seine Rückkehr bestätigte unser Vermuten.

Es brach der Oberstleutnant von Petrikowsky vom Regiment König mit seiner und der Leib-Eskadron auf, um zu dem Generalmajor von Oebschelwitz zu stoßen, den er bei Waldau erreichen wird.

<u>Den 11. Februar</u>   Erste Kolonne in und bei Waldau. Zweite Kolonne Weißenberg, 3te 4te Kolonne in und bei Bautzen. Der kommandierende General ging mit seinen Adjutanten und Leutnant Lehmann bis Görlitz voraus.

<u>Den 12. Februar</u>   Erste Kolonne in und bei Waldau Rasttag. Hauptquartier 2te Kolonne Görlitz; 3te 4te Kolonne Rasttag in und bei Bautzen, von dieser trennen sich jedoch der Kriegs-Rat und Kommissariatsdirektor Krebs nebst Kasse, zwei Granatstücken unter dem Leutnant Dietrich und gehen bis Weissenberg.

Es trafen vorläufige Gerüchte von einer großen Bataille bei Königsberg und von der zu erfolgenden Übergabe von Schweidnitz ein, im Fall es nicht bis zum 16ten hujus entsetzt sein würde.

<u>Den 13. Februar</u>   Erste Kolonne, Hauptquartier, 2te Kolonne wie gestern; Kasse, Granatstücken Görlitz; 3te 4te Kolonne nach Weißenberg.

Den 14. Februar   Erste Kolonne wie gestern. Hauptquartier, Prinz Anton, Kasse, Granatstücke in und bei Siegersdorf; 3te und 4te Kolonne Görlitz. - Von heute an formierte sich also das Korps in 2 Kolonnen

1ste Kolonne

Der kommandierende General nebst Hauptquartier und Kasse

Generalmajor von Oebschelwitz

2 Eskadrons König Kürassiers nebst Generalmajor von Besser
2 Bataillone Anton
2 Bataillone Sänger
1 Bataillon Max
1 Bataillon von Süßmilch, Grenadiers
2 Granatstücke unter Leutnant Dietrich

2te Kolonne

Generalmajor von Glaffey

1 Bataillon Bevilaqua
1 Bataillon Cerrini
2 Eskadrons König unter dem Major von Grünewald
2 Batterien
Park, Lazarett, Reserve, Fuhrwesen

Bevilaqua und 2 Eskadrons Kürassiers hatten daher annoch Rast bei Görlitz und vereinigten sich heute mit denen durch den Generalmajor von Glaffey zugeführten Kolonnen.

Den 15. Februar   Hauptquartier und nunmehrige 1ste Kolonne ging über die Grenze, und verließ sein Vaterland! - Einquartiert in Bunzlau - Mehrere Deserteurs vom Bataillon Süßmilch wurden gemeldet. - Zweite Kolonne in und bei Siegersdorf. - Der Oberst Larsisch in Tüllendorf meldete, dass ihm vom Hauptmann Wurmb die Meldung zugekommen sei, dass in Klitschendorf sich ein starkes Detachement feindlicher Husaren befände. Es wurde der Generaladjutant, Hauptmann von Gersdorff, in der Nacht beordert, der Garnison in Tillendorf den Befehl zu bringen, die Kompanie Wurmb an sich zu ziehen, sich selbst bereit und in steter Aufmerksamkeit zu erhalten. Die Avantposten waren avertiert, wie man denn überhaupt zur Sicherheit der Quartiere die Vorkehrungen getroffen hatte, dass eine Avantgarde unter dem Oberstleutnant von Petrikowsky nebst 1 Kompanie Kürassiers, 1 Kompanie Süßmilch, Schützen von Süßmilch und sämtlichen Quartiermachern vorausging, nächstdem auch die nötigen Feldwachen und Posten ausgesetzt wurden. - Es blieb alles ruhig, inzwischen bestätige es sich durch eine vom gedachten Hauptmann bis Klitschendorf gemachte Rekognoszierung, dass wirklich 50 Husaren daselbst übernachtet hatten.

Den 16. Februar   Julius und Radeberg

Hauptquartier 1ste Kolonne Heinau, 2te Kolonne Bunzlau. - Es war eine sehr angenehme Erscheinung für das Hauptquartier, den Leutnant Globig in Heinau vorzufinden. Eine Kolonne Württemberger, auf die Globig nebst dem Leutnant Fischer, der ihn gefangen genommen hatte, gestoßen war, befreite den Ersteren und machte den Letzteren zum Gefangenen. Ein früher gegebenes Ehrenwort band Globig an Breslau, den Ort seines jetzigen Aufenthalts, wohin er auch für morgen zurückkehrt. Der mit ihm zugleich aufgehobene Feldjäger Wening kehrte zum Korps zurück. Leutnant von Langenau wurde nach Glogau voraus gesendet.

Den 17. Februar   Gottlieb und Baruth

Hauptquartier, 1ste Kolonne Polkwitz, 2te Kolonne Heinau. - Die Avantgarde nahm in einem Hölzchen einige bewaffnete Preußen wahr, die hoffentlich von Schweidnitz entkommen waren. - Sie waren nicht aufzugreifen. - Die Nachricht von der Übergabe von Schweidnitz bestätigte sich vollkommen.

Es ging die Meldung von mehreren Deserteuren ein, namentlich waren 28 Mann von der Kompanie Selmnitz im Bataillon Bevilaqua entwichen.

Den 18. Februar   Hauptquartier, 1ste Kolonne Glogau,

2te Polkwitz. - Leider wieder eine sehr starke Desertion und namentlich im Grenadier-Bataillon Cerrini, und in diesem unter den Kompanien v. Low, die einen Verlust von 96 Mann erlitten hatte. Überhaupt belief sich nunmehr die Zahl der Deserteurs im Korps auf 218. - Die Eskadron Schindler fanden wir in Rauschütz vor Glogau, wo sie seit dem 15ten kantonierte.

Briefe vom General Dobrowsky, die der kommandierende General hier vorfand, zeigten uns den alten verehrten Anhänger der Sachsen und machten uns mit unserer zukünftigen Bestimmung bekannt. Das Kontingent kam unter die Befehle des Marschall Lefebvre, der sich in der Gegend von Thorn befand, und unseren Marsch über Posen nach Thorn dirigierte.

Den 19. Februar   Benjamin und Berlin

Für beide Kolonnen Rasttag. Der Gouverneur machte dem kommandierenden General einen Tagesbefehl bekannt, der Aufschluss über das Gefecht bei Eylau enthielt. Man hatte sich 5 Tage mit Wut geschlagen und die Franzosen wurden dadurch Sieger, dass sie das Schlachtfeld behaupteten. - Der hiesige Aufenthalt in Glogau gewährte und unter anderem die Bekanntschaft des Generals Monbrun, vom Kaiser den württembergischen Truppen zugegeben. Er war es, der das Gefecht der Franzosen unter Lefebvre bei Warthe gegen Pleß und dessen Niederlage bestätigte, er war es, dem der Leutnant von Globig seine Befreiung aus der Gefangenschaft zu verdanken hatte.

Ein Transport von Geld und Munition wurde unter dem Befehl des Major von Klitzing vom Regiment Anton nach Posen abgeführt. - Der heutige Parolebefehl bestimmt dem eine Belohnung von 12 Dukaten, der eine Desertion entdeckt und anzeigt.

Den 20. Februar   Hans und Hannover

Hauptquartier, 1ste Kolonne Fraustadt, 2te Kolonne Glogau.

Fraustadt gewährte uns den ersten Anblick des neu polnischen Militärs. Ein Regiment Jäger zu Pferde wurde hier unter den Befehlen des Obersten Turno organisiert. Die Leute waren gut, zweckmäßig und so angezogen, wie es eine jede leichte Kavallerie sein sollte.

Man trug den sächs: Truppen auf, einen Transport von 300 preuß: Gefangenen, die jedoch Polen waren, bis hierher von Glogau zu eskortieren, desgleichen einen Transport Zwieback von 72 Wagen. Zu dem ersten wurde der Hauptmann Wangenheim von Clemens, zu dem letzten der Leutnant Taube von Max kommandiert. - Noch waren dem Übel der Desertion keine Schranken gesetzt.

<u>Den 21. Februar</u>   Friedrich und Dresden

Hauptquartier Schmiegel, 2te Kolonne Fraustadt. Der Transport Gefangener blieb in Fraustadt, der Zwieback musste weiter und bis Posen eskortiert werden. Leider konnten Exzesse auch in diesem Korps nicht fehlen. - Es waren deren von dem Kommando des Majors von Klitzing verübt worden. - Einem Knecht war das Bein überfahren worde. Der Unglückliche musste nach Fraustadt zurückgebracht werden.

Immerwährende Desertion.

<u>Den 22. Februar</u>   Hauptquartier, 1ste Kolonne Cszempin, 2te Kolonne Schmiegel. - Es ging hier eine Ordre vom Marschall Lefebvre ein, die uns zur strengen Beschleunigung unseres Marsches aufforderte. Es sollte dieserhalb ohne Aufenthalt nach Posen marschiert werden.

<u>Den 23. Februar</u>   Hauptquartier, 1ste Kolonne Posen, 2te Kolonne Cszempin. Langer unangenehmer Marsch. Finster traurige Aufnahme. Eine Ordre vom Marschall, die uns direkt nach Bromberg wies. Sie war später wie jene datiert, pressierte jedoch nicht so sehr.

<u>Den 24. Februar</u>   Hauptquartier, 1ste Kolonne Pudewitz, 2te Kolonne Posen. - Ein schrecklicher, Sachsens Truppen entehrender Tag. Lange Märsche ohne Rasttage, üble Nahrung von Fraustadt bis Posen, unfreundliche Aufnahme, hier selbst vorsätzliche Aufwieglung der preußisch gesinnten Posner, zuviel genossener Branntwein, das lange Zaudern ehe der Abmarsch begann, alles hatte die Gemüter der Grenadiere von Süßmilch erhitzt. Sie weigerten sich, die Brücke zu passieren. Einfältige Äußerungen, unsinniges Geschwätz, charakterisierten ihre Stimmung. Der Major von Egidy und Hauptmann von Gersdorff waren, um Depeschen nach Dresden abzufertigen, zurückgeblieben. Sie hörten den Tumult, eilten herbei und indem sich ersterer an die tête begab, blieb der Hauptmann

bei der letzten Kompanie. Alles Zureden war umsonst. Der Geist des Aufruhrs führte allein die Stimme, und jene beiden Offiziers konnten nichts bewirken, als dass der Tumult sich nicht weiter mitteilte und dass dieses Bataillon nicht geradezu umwendete. Die Ankunft des Oberstleutnant von Petrikowsky mit einer Eskadron Kürassiers brachte das Bataillon in Gang. Leider erneuerte sich diese Szene während des Marsches im Regiment Anton. Ein wegen Exzesse vom Hauptmann Tilling arretierter Dragoner, den man wieder befreien wollte, gab der Leib-Kompanie den Grund hierzu. Tumultuarisch wendete sie um, und riss die anderen mit sich fort. Im Taumel ergriffen sie die Fahne des 2ten Bataillons, und so kehrte diese Horde den Weg nach Posen zurück.

Ein wütendes Geschrei, ein mehrmaliges Abfeuern der Gewehre bezeichnete ihren Zug. Der Major Kaiserlingk, der Leutnant von Metzsch pp., die ihnen folgten, versuchten alles, aber umsonst. Die Stimme der Vernunft konnte da keinen Eindruck machen, wo der höchste Unverstand die Oberhand bekommen hatte. - So wälzte sich dieser zügellose Haufen gegen Posen fort. - Der Rittmeister v. Thümmel von König, gerade an diesem Tag zur Arrieregarde befehligt, traf auf ihn. Die ihm bekannten Ereignisse in Posen ließen in die Wahrheit gleich ahnden. - Er kommandierte die Oberstleutnantskompanie, die er führte, zum Aufmarsch, er selbst ritt den Empörern entgegen. Mit mehrerer Beredsamkeit schilderte er ihnen ihr Vergehen, aber auch die Folgen, die durch die Bereitwilligkeit der braven Kürassiere, sie dafür zu züchtigen, noch bedeutender werden konnten. Wohlmeinend riet er ihnen umzukehren, Unteroffiziers und Gemeine vereinigten sich mit ihm, jeder wurde zum Redner, jeden umgab ein Haufen der Unruhigen, durch diesen unvorhergesehenen Umstand schon milder gestimmt. Thümmel verfolgte seinen Weg, unter und neben seiner Mannschaft befand sich die Infanterie.

Natürlich hatten diese unglücklichen Ereignisse großen Zeitverlust zur Folge gehabt. Nur die einzige Duckwitz'sche Kompanie, die sich jenen Aufruhr gutdenkend entzogen hatte, rückte gegen 8 Uhr ein, konnte jedoch ihr Quartier nicht erlangen und blieb in Pudewitz. Die übrigen sammelten sich zum

Teil sehr spät in ihren Quartieren, teils schwärmten sie des Nachts, unter beständigem Schießen auf dem Felde herum, beunruhigten die anderen Quartiere, besonders die der Kavallerie, und sammelten sich den andern Morgen teils selbst, teils suchte man sie noch auf.

Ein Musketier von Anton hatte, als er eben laden wollte, seinen verdienten Tod in einem Teich gefunden, in welchen er fiel.

Der Leutnant Roos wurde von Pudewitz aus zurückgesendet, um dem mit der 2. Kolonne ankommenden General Glaffey, der nunmehr in Posen angekommen sein musste, von allem zu unterrichten.

Unvergeßlich sei mir das Andenken an den braven Sergeant Hesse der Funk'schen Kompanie von Oebschelwitz. Seine Entschlossenheit, sein Mut, mit dem er sich dem Sturm entgegensetzte, verdienen die größte Belohnung. Er hat sich in dem Herzen eines jeden redlichen Mannes der seine Bemühungen, seinen Feuereifer, mit dem er zu wirken suchte, sah, ein Denkmal gesetzt.

<u>Den 25. Februar</u>　　　　Rasttag für beide Kolonnen. - Die Umstände machte ihn notwendig, indem man genötigt war, die Truppen zu sammeln.

Der kommandierende General erlies eine Ordre ins Korps, die allgemein verlesen wurde. Sie enthielt eine Schilderung der Vergehungen unserer Untergebenen, sowie eine richtige Darstellung der daraus entstehenden Folgen. Eine Unterredung, die der kommandierende General mit den 4 ältesten Korporals des Grenadier-Bataillons und mit 2 Gemeinen hier, hatte einen gleichen Endzweck.

Der Leutnant Roos kehrte von Posen zurück. Zwar war es bei dem Bataillon Bevilaqua zu keinem Tumult gekommen, inzwischen waren auch dessen Mannschaften unruhig, und was ebenso schlimm ist - ungezogen.

Sechs Mann von König Kürassiers waren entwichen.

<u>Den 26. Februar</u>   Erste Kolonne Knesen, zweite Pude-
witz. - Die Gemüter schienen beruhigt. Man brach auf und
fand einen Weg, dem nichts an die Seite gestellt werden kann.
Es war der schlechteste des ganzen Marsches, auch selbst von
oben war das Wetter unangenehm.

Nicht dieses - vielleicht war es bloß eine noch zufällige Ursache - sondern wirklich höherer Wille verhängte heute gleiche
Exzesse wie am 24sten unter einem Regiment, wo wir es nicht
geglaubt hätten - unter dem Regiment Sänger. Ohne einen
bestimmten Grund anzugeben, entspannen sie sich auf der
Hälfte des Weges und äußerten sich durch ein ununterbrochenes Schreien, Halt! rufen, abfeuern der Gewehre pp.

Alles Zureden war umsonst. Der Wende blieb seinem Natio-
nal-Charakter treu. Er war wilder und unbändiger als die andern, für Gründe und Einreden unempfänglich. Gegen die Offiziers waren diese noch hämischer wie Anton und Süßmilch;
unter Lebensgefahr musste sie endlich diese wilde Rotte verlassen und dem besseren Teil folgen, der aus der Just'schen
und dem größten Teil der Obersten Kompanie bestand. Wie
neulich hatten mehrere sich der Fahne bemächtigt und zogen
zurück. Auf jeden besser gesinnten, der sich entfernen wollte,
feuerten sie, sowie auf jeden Offizier, der sich ihnen in guter
Absicht nahte. Trostlos traf der General Oebschelwitz und Larisch mit uns und einem kleinen Teil des Regiments in Knesen
ein, wohin es eigentlich ganz zu stehen kommen sollte. - Inzwischen sammelten sich immer mehrere und gegen Abend
waren nach und nach 2/3 des Regiments wenigstens eingetroffen.

Man entschloss sich diese Ehrvergessenen ihrem Schicksal zu
überlassen und man rechnete wie billig auf die Einwirkung der
2ten Kolonne, auf die sie stoßen mussten. Wirklich war auch
dieses der Fall. Zeitig genug von ihrer Rückkehr auf Pudewitz
unterrichtet, ging der Generalmajor von Glaffey ihnen entgegen, und ließ das Grenadier-Bataillon Cerrini, 2 Eskadrons
Kürassiers und zwei Kanonen, mit Kartätschen geladen, gegen
sie aufmarschieren. Nun erst schickte er den Leutnant
Roitzsch, seinen Adjutanten, ihnen entgegen. Mit Anstalten
dieser Art hatten sie nicht gerechnet. Sie wurden kleinmütiger

und wollten Unterhandlungen eingehen. Man gestand ihnen nichts zu, man verlangte vor der Hand bloß ihr ruhiges Betragen und Einrücken. Das geschah; sie gaben die Fahne ab und rückten mit in Pudewitz ein. - Eine den Abend eingehende Meldung gesagte dieses.

Den 27. Februar   Rasttag, wozu die gestrigen Exzesse und die üblen Wege die Ursache geben. - Noch hatten sich während der Nacht mehrere gefunden, nachmittags brachte der Leutnant Hille vom Grenadierbataillon Cerrini die Fahne und ungefähr 60 Mann.

Bange gehen wir unserer Zukunft entgegen. Wir fürchten den nächsten Tag, wir fürchten die folgenden, denn wir sehen uns in der Mitte einer Truppe, die die Bande des Gehorsams so schändlich gelöst und in wilden Taumel die zerrissenen Zügel der Oberherrschaft aufgefasst hat. - Möge der Anblick jener Horden unserem Gedächtnis entschwinden. Wir stehen an den Grabe unseres Ruhmes, den Lorbeerkran, den unsere Vorfahren mühsam erringen müssen, übergeben wir der Vergänglichkeit. Große Taten, die heldenmütigsten Ereignisse werden dazu gehören, um diesen Schandfleck zu verwischen.

Den 28. Februar   Hauptquartier, 1ste Kolonne Gonzawa, 2te Gnesen. - Alles war ruhig. Zwar bemerkte man man noch einen verdrießlichen mürrischen Ton, doch entstanden keine Unannehmlichkeiten. Gerade das Regiment, was am ärgsten gewesen war, Sänger, schien jetzt mit seinem Schicksal am meisten ausgesöhnt.

Etwas, was wir vermutet hatten, traf ein - starke Desertion. Sie konnte nicht fehlen; nach jenen Ereignissen war sie vorauszusehen. Inzwischen war und blieb sie in den Grenadierbataillons, zur Schande dieses Korps, am stärksten. Maximilian schien sich durch den starken Verlust bei Dresden in einer Nacht, von seinem Auswurf gereinigt zu haben. Es marschierte ruhig, still und ohne Desertion.

März 1807

Den 1. März   Hauptquartier, erste Kolonne Lapyszin - 2te Gonzowa - Es war Absicht des kommandierenden Generals in Lapyszin Rasttag zu halten. Ein Schreiben des Kommandanten in Bromberg mahnte uns zur größten Beschleunigung des Marsches. Dem war nichts als die größte Bereitwilligkeit entgegen zu setzen.

Den 2. März   Hauptquartier, 1ste Kolonne in Bromberg, 2te in Lapiszin. - Es kamen mehrere Blessierte, die bei preußisch Eylau gelitten hatten. Mit ihnen langten die widersprechendsten Gerüchte an. Man sprach von der Annäherung der Russen und von ihrer Entfernung, je nachdem die Meinungen, die Aussichten und die Wünsche der Menschen verschieden waren. Alles gründete sich auf das Interesse der Individuen.

Den 3. März   Hauptquartier, 1ste Kolonne Topolno. 2te Bromberg. - Ein Brief des Generals Drouet, den wir in Bromberg vorfanden, schrieb uns die jetzige Marschroute vor.

Major von Egidy ging in das Hauptquartier des Marschall Lefebvre, das in Dirschau war, voraus.

Die Gegend an der Wechsel von Topolno war vortrefflich. Sie erinnerte uns an die heimischen Ufer der Elbe.

Den 4. März   Hauptquartier, 1ste Kolonne Schwetz, 2te Topolno. - Topolno schien das eigentliche Bild einer so genannten polnischen Wirtschaft zu geben.

Den 5. März   Hauptquartier, 1ste Kolonne Neuenburg, 2te Rast. - Man musste der 2.Kolonne diesen Rasttag geben, weil die schlimmen Wege das Fortkommen für das bei dieser Kolonne sich befindende viele Fuhrwesen unmöglich machte.

Den 6. März   Hauptquartier, 1ste Kolonne Mewe, 2te Schwetz. - Wir trafen in Mewe den General Dombrowsky und seinen Sohn, Oberster eines polnischen Regiments, die beide, letzterer jedoch schwerer am 28. Februar bei Dirschau blessiert worden waren, wo er die Preußen angegriffen und vertrieben hatte. Er tat alles, um uns seine Freude über den Anblick von Sachsen zu bezeigen.

<u>Den 7. März</u>   Egidy war aus dem Hauptquartier zurückgekommen. Er war dem Marschall Lefebvre eine frohe Erscheinung gewesen, der unser Korps sehnlich erwartete, ungeachtet es nicht möglich war, seinen Marsch mehr als wir taten zu beschleunigen. - Equipage trennte sich von uns. Wir sendeten sie unter Kommando des Hauptmann Hille von Sänger nach Pelplin. Das Lazarett war nach Schöneck bestimmt. - Hauptquartier, erste Kolonne Dirschau, 2te Neuenburg. Die erste Kolonne vereinigte sich heute mit dem 10ten Korps der großen Armee. Der Marschall, ein Mann in die 50^{ig} bereits, empfing uns herzlich und artig. Gleich ihm zeigte sich General Drouet, der Chef seines Generalstabes, als wohlwollender Mann. - Was Aufsehen und unsern höchsten Unwillen erregen musste, war die bis jetzt gehabte starke Desertion. Es musste einem französischen Marschall unglaublich erscheinen, dass von 6.000 Mann, die alle Landeskinder und Untertanen eines vortrefflichen Fürsten waren, in 5 Wochen, auf einem Marsch, wo sie meistenteils gut beköstigt wurden, 620 entweichen konnten. Nimmt man an, dass die Nachrichten von Empörung unserer Infanterie voran gegangen waren, so hätte man einen frostigen zweideutigen Empfang nicht auffallend finden können. Ein Glück ist es, dass man unser Häufchen trotz seiner Schwäche brauchte, ein eben so großes Glück, dass General Bertrand, Adjutant des Kaisers, der so eben vom Eintreffen aus sich beim Marschall befand, den Verfasser dieses Journals bei Seite nahm und ihn veranlasste, offen über die Ereignisse zu sprechen. Ich könne wohl glauben, dass sie dem Kaiser gemeldet worden wären und dass sie Aufsehen erregen mussten. Er meine es gut, er wolle alles beitragen, um üble Eindrücke zu verwischen; den Kaiser werde es übrigens freuen, genaue Auskunft zu haben. Der Hauptmann von Gersdorff benutzte diese Gelegenheit, mit Freimütigkeit die Lage der Dinge zu schildern und den General hauptsächlich darauf aufmerksam zu machen, dass Sr. Majestät Alliierte angenehmer sein müssten, die ihre Gesinnung nicht mit leichtsinniger Schnelligkeit wechselten. Noch vor wenig Monaten mit den Preußen enge verbunden, mit ihnen längst bekannt, zum Teil verwandt, finde sich der Übergang von einem Verhältnis zum andern nur

mit Mühe und langsam. Er nahm das wohl auf, versprach zu unserem Besten zu sprechen und hat das redlich gehalten.

Dirschau bot das schreckliche Bild der Verheerung dar. Die Polen hatte es sehr unverschuldeter Weise am 28sten einge-äschert.

Den 8. März   Hauptquartier, 1. Kolonne Dirschau. Anton und Sänger Rasttag. Max und Süßmilch nebst 2 Piecen gehen über die Weichsel auf die Noia-Insel. Mit welchen Er-wartungen, unter welchen Gefühlen brachte ich ihnen den Befehl. Kein Mann verzog eine Miene. - Zweite Kolonne in Mewa; Lazarett ambulant in Schöneck. - Der Marschall verlegt sein Hauptquartier nach Rosenberg, er selbst geht mit über auf die Insel.

Den 9. März   Hauptquartier, 1ste Kolonne nach Lan-genau; Zweite Kolonne Dirschau. - Der Marschall rückt mit den beiden Bataillons auf der Insel bis gegen Fürstenwerder vor, kehrt jedoch wieder zurück. Man fand es noch ohnmöglich, eine Übergang über die Elbinger Weichsel zu wagen, auch wurde man daran durch das Eis verhindert. Der Feind tiraillier-te in und bei Prust pp., das die Badner und Polen ihn zu ver-lassen nötigten. Sachsen nahmen als Truppen, die noch auf dem Marsch waren, keinen Teil daran.

Den 10. März   Um 9 Uhr war der Aufbruch des Korps von Langenau bestimmt, wo das französische Hauptquartier uns abholte. Schon hatten die Polen und Badner die Preußen täglich angegriffen und zurück getrieben, heute wurde dieses vollendet. Von Höhe zu Höhe folgten wir ihnen fechtend, bis die letztren unseren Augen entschwanden, als wir eben auf einer Höhe bei Matschkau angelangt waren. Nur in Ohra, ei-ner Vorstadt von Danzig rechts unserer Stellung schlug man sich noch hartnäckig. Die Oberstleutnantskompanie von Anton wurde einem in Ohra eingedrungenen französischen Bataillon zur Unterstützung zugeschickt, der die von Klitzing'sche bald folgte. Auch hier sahen wir diese Truppen nicht ganz ohne Furcht abgehen. Noch waren jene Gräuelszenen unserm Ge-dächtnis nicht entschwunden, welche Erfahrungen konnten wir nicht jetzt noch machen. Inzwischen waren unsere Besorgnisse unbegründet. Schon ihr froher Abgang ließ und dies vermuten, den man dadurch ehrte, dass das klingende Spiel sie einen ganzen Teil des Weges begleitete; noch mehr bestätigte es die Folge. Gut, tapfer und willig verhielten sie sich; mutig warfen sie den Feind und erwarben sich gleich von Anfang die Achtung unserer Alliierten. Der Marschall hielt diese dem kommandierenden General nicht vor. Ein Toter und einige leicht Blessierte waren unsererseits der Verlust. Ohra wurde behauptet, man drang bis über die Jesuiter-Kirche vor Alt-Schottland vor und es blieb ein Posten der französischer und unserer Seits gemeinschaftlich behauptet wurde.

Nachmittags zwischen 3 und 4 Uhr traf der General v.Glaffey mit der 2ten Kolonne ein. Er blieb mit Infanterie und Artillerie einstweilen bei Prust halten, wo sich schon das 2te Bataillon Anton befand. Die 2 Eskadrons Kürassiers vereinigten sich mit den beiden ersteren, welche Matschkau vor der Front und auf der Höhe von Matzschkau rückwärts standen. Es befand sich daher das sächsische Korps in diesem Augenblick folgendermaßen aufgestellt:

Höhe von Matschkau: 2tes Bataillon Anton, 2 Bataillone Sänger

in der linken Flanke rückwärts: 4 Eskadrons König

bei Prust: 1stes Bataillon Anton, 1 Bataillon Cerrini, 1 Bataillon Bevilaqua, Artillerie

bei St. Albrecht: Eskadron Schindler

in Dirschau: 1 Bataillon Süßmilch, 1 Bataillon Max, die an diesem Tage mit dem Marschall von der Insel dahin zurück gekommen waren.

Mit dem völlig eingetretenen Abend rückte das Korps in die Kantonierungsquartiere:

Hauptquartier Borkfeld nebst 2ten Btl. Sänger

Matschkau: 1stes Btl. Sänger

Jenkau, mit Tiefensee: 1stes Btl. Anton

Kemlad: 2tes Btl. Anton mit Artillerie

<u>St. Albrecht:</u> Eskadron von Schindler, Generalmajor v.Glaffey, und Cerrini

<u>Muggenthal:</u> Btl. Bevilaqua

<u>Girschkau, Breschin, Bornschin:</u> König Kürassiers

Schon ganz im Finsteren erreichten die Truppen ihre Quartiere.

<u>Den 11. März</u>   Völlige Ruhe. Generalmajor v.Oebschelwitz erreichte mit seinen beiden Bataillons Langenau, wo er nebst Max blieb, Süßmilch hingegen nach Prust kam.

Der heutige Tag wurde damit hingebracht, die Verbindungen unter sich kennen zu lernen, um alle militärischen Vorkehrungen zu treffen, die die Lage der Dinge erforderte.

<u>Den 12. März</u>   Der Feind scheint uns die Ruhe zu gönnen. Er blieb ohne sich zu rühren, selbst den Posten in Schottland und Ohra beunruhigte er nicht.

Der kommandierende Generalleutnant beritt alle Positionen in den Umgebungen von Danzig, desgleichen die Kantonierung. Es ergab sich hieraus, dass den äußersten linken Flügel die Nordlegion behauptete. Sie hatte noch einen avancierten Posten über den Jasper-See, zog sich längst den Landhäusern bis gegen Langenfurt, wo alsdann die Badner anbanden, die bis über Wonneberg gegen Schönfeld reichten. Hier vereinigten sich mit ihnen die Polen, an die von Matzschkau aus die Sachsen stießen, und sich auf den rechten Flügel durch Muggenhall an die Inundation anschlossen. Jener Seits stand ein Bataillon Franzosen, etwas Polen bei Fürstenwerder um zu beobachten.

Der Major von Egidy befand sich früh vollkommen wohl; gegen 10 Uhr überfiel ihn ein Fieber, das ihn nötigte, sich zu Bette zu legen.

<u>Den 13. März</u>   Die Regimenter und Bataillons mussten von heut an früh 5 Uhr in eine Position vor ihren Dörfern rücken, und von da aus vorwärts Rekognoszierungspatrouillen schicken. Um 1 Uhr und um 7 Uhr Abends versammelten sie sich und wurden verlesen. Man beabsichtigte hierbei, die

Aufmerksamkeit der Mannschaften zu erhalten und Exzesse zu verhüten.

<u>Den 14. März</u>   Allgemeine Ruhe

<u>Den 15. März</u>   Es wurde ein kleiner unbedeutender Angriff der Polen gegen Schidlitz und Stolzenberg, zwei Vorstädte von Danzig unternommen. Er war von keinen bedeutenden Folgen, als dass sie die Eingänge wirklich behaupteten.

<u>Den 16. März</u>   Ruhe

<u>Den 17. März</u>   desgleichen. Des Major von Egidy Krankheit verschlimmert sich stündlich. Alle Hilfe scheint umsonst, die Natur leistet gar keine Unterstützung, die Krankheit selbst spottet aller angewendeten Mittel.

<u>Den 18. März</u>   Früh 10 Uhr starb Major von Egidy. Von uns war der bessere Teil eines Mannes geschieden, der einer der eifrigsten, treuesten Diener unseres Königs war. Ein Mann voll hoher guter Ansichten, voll Fleiß und Eifer, voll Freundschaft und Güte, starb in der Blüte seiner Jahre. Eine glückliche Gattin, ein würdiger Vater, Vaterland und freunde trauerten mit Recht um den Geschiedenen.

Die Bataillons Max und Süßmilch erhielten den Befehl, heute Nachmittag bei Herrengreppin vor und morgen bei Lenzkau über die Wechsel zu gehen. Das 2te Bataillon Anton in Kemlad rückte an ihre Stelle nach Prust.

Es wurde sich gegen Mittag auf die Höhe von Metschkau aufgestellt, jedoch bald wieder eingerückt.

<u>Den 19. März</u>   Ruhe. Egidy wurde Abends um 5 Uhr in Jenkau begraben. Ein von dem Direktor des hiesigen Instituts angelegter Kirchhof nahm ihn auf. Wir alle folgten, die Musik des 1sten Bataillon Anton mit dessen Offiziers und dem General von Oebschelwitz empfing ihn. Nie war ein Leichenzug prunkloser, nie feierlicher. - Ruhe seiner Asche. Der Hauptmann von Gersdorff hielt ihm die Standrede. Sonderbar, dass im Augenblick des Einsenkens 3 Kanonenschüsse von der Festung aus geschahen, deren Bedeutung man nicht enträtseln konnte.

<u>Den 20. März</u>   Der Feind scheint uns zu vergessen. Ruhig lässt er uns sogar an einer Schanze hinter der Jesuiter-Kirche fortarbeiten. Es war eigentlich ein preußischer Seits angefangenes Werk, dass man jetzt wendete und fortsetzte. Die Distanz vom Bichofsberge, dieser so gefürchteten Schutz-wehr Danzigs, ist noch nicht 800 Schritt. Leichtlich dürften die Preußen ihre Nachgiebigkeit in der Folge bereuen.

Es ging der Rapport wegen der, dem Hauptmann von Raschau zugestoßenen Ereignisse ein /: Man sehe den Rapport des Major von Schindler vom 22. März :/ vide Anhang No. 1

Die Artillerie, d.h. die sogenannte Division active, welche aus 2 Grantatstücken und 6 P. à 8-Pfund bestand und zum Korps in dieser Maßen unter dem Hauptmann Siegemund gestoßen, das übrige aber in Park und Reserve geblieben war, rückte bis auf den Scheideweg vor, der sich oberhalb Matzschkau teilt. Die Pferde waren in Matzschkau untergebracht, wo auch der Kommandant sein Quartier nahm.

Abends sah man auf der Insel ein großes Feuer aufgehen, das einem Signalfeuer glich. Gleich darauf unterschied man Klein-gewehrfeuer sehr deutlich, das einen förmlichen Angriff vor-aussetzen ließ.

<u>Den 21. März</u>   Schon früh um 8 Uhr hörten wir meh-rere Kanonenschüsse von der Gegend von Langenfurt und dem Hagelsberge. Um 9 $\frac{1}{2}$ Uhr wird das Korps alarmiert: Ein nicht unbedeutender Angriff des Feindes, der über Stolzen-berg vordrang, war davon die Ursache. Das ganze Korps rückte in die gegebenen Positionen. Zwei Eskadrons Kürassiers folg-ten dem Marschall unter seinen eigenen Befehlen bis über Wonneberg. Die 2 anderen suchten diese, sobald sie aus ihren Kantonements ankamen, zu erreichen. - Es war das erste Mal, dass sich unseren Augen Kosaken darstellten, die hingegen unsere Chevauxlegers, welche nur allein gegen sie zum Blän-kern kamen, keineswegs zu fürchten schienen.

Die Stellung, die die Sachsen heute nahmen, war folgende: bei Metzschkau, 2 Bataillone Sänger. 1 Bataillon Anton, das in Jen-kau stand. Das Bataillon Cerrini blieb in seinem Biwak rechts am Holze stehen. 1 Bataillon Prinz Anton blieb in Prust, 1 Grenadierbataillon Süßmilch und 1 Bataillon Prinz Max standen bei Schönberg an der Weichsel. 1 Bataillon Bevilaqua und die Eskadron von Schindler in St. Albrecht und Scharfeneck. Das Regiment Kürassiers rückte bis Metzschkau vor, von wo aus zwei Eskadrons, wie schon gesagt, dem Marschall folgten und die Artillerie blieb am Scheideweg zwischen Metzschkau und Barchfeld angespannt halten.

Der Feind wurde zurückgetrieben und gegen 4 Uhr rückte das Korps wieder ein. Der kommandierende General ritt mit mir bis gegen Schidlitz vor, um sich von dem Ausgang des Gefechtes zu überzeugen. Er traf dort den Marschall selbst, der jenes Einrücken anordnete. Von ihm erhielt er aber auch die angenehme Nachricht, dass der gestern praktizierte Angriff auf die Nehrung vollkommen gelungen sei. Er rühmte dabei das Benehmen unserer beiden Bataillons, vorzüglich des Grenadierbataillons, weil dieses hauptsächlich zum Gefecht gekommen war, indem sich das Bataillon Max gleich rechts nach Bonzack gewendet hatte /: man sehe hierüber die Rapports des Oberstleutnant Vogel und Major v. Süßmilch den 23ten und 24ten März :/ vide Anhang No. 2 und 3.

Wir bemerkten bei dieser Gelegenheit bei Schönfeld einen Pass, der Seiten des Feindes zu einem Überfall der sächsischen Quartiere sehr benutzt werden konnte. Rechts bis zum Kanal bei Redaun und Ohra ist ein tiefes und steiles Tal, in welchem der Schönfeldbach fließt, das für Kavallerie und Geschütz unbrauchbar ist; links von Schönfeld sind mehrere steile Täler und Schluchten.

Der feste Posten auf der Insel, mehrere Gefangene, die Verbindung der Noja-Insel durch eine Brücke, waren nächst der völlig gesperrten Kommunikation mit Pillau die Frucht dieses Unternehmens.

Der Marschall ordnete an, dass die Kürassiere die Quartiere der Chasseurs in Barchfeld und Metzschkau beziehen sollten. Jene sollten weiter vor gelegt werden. So wurde unsere Artillerie mit dem anbrechenden Tage näher gegen Metzschkau vorgezogen.

Es ging die Meldung ein, dass die Bataillone Süßmilch und Max noch 150 Gefangene und 1 Kanone mit Wagen erobert hatten. Der Marschall behauptet, sie hätten gestern 300 Mann genommen.

Wer kann die Gefühle des kommandierenden Generals, wer unsere Empfindungen bei diesen Nachrichten schildern; wer kann aber auch hierbei den Nationalcharakter der Sachsen verkennen. Es fehlt der Sachse, er wird unbändig im Irrtum und zügellos, aber er kehrt auch bald zu seiner Pflicht zurück, er erkennt seinen Fehler, er wünscht ihr Andenken zu vertilgen. Wahrlich, wer sich die mutigen Streiter vom Bataillon Süßmilch bei dem Angriff auf die Landspitze dachte, wer einen Rückblick auf ihre Ruhe warf, mit der sie sich unter dem Feuer des Feindes einschiffen ließen, der würde in ihnen nicht die wilde Horde erkannt haben, die noch vor 25 Tagen in Posen das schauderhafte Beispiel der Empörung und der Widerspenstigkeit gab.

Inzwischen welcher Kontrast. Eben als wir vom Kampfplatz zurückkamen, als wir voller Freude über die Nachricht waren, brachte man 25 Deserteurs von dem nämlichen Bataillon ein, die aufgegriffen waren und jetzt ihrer Strafe entgegen sehen. Keinen schicklicheren Zeitpunkt als diesen gab es wohl nicht, ihnen etwas zur Besserung für die Zukunft zu sagen.

<u>Den 22. März</u>   Auch in dieser Nacht waren auf der Nehrung Fortschritte von unseren Truppen in Vereinigung mit den übrigen geschehen. Man hatte mehrere Gefangene gemacht.

Der Marschall ließ von Seiten der Polen einen Angriff gegen Zigankenberg machen. Es war mehr Demonstration und die Folgen ganz unbedeutend; es geschah übrigens ganz in der gestrigen Art. Der Leutnant Lehmann ward mit 2 Dragonern befehligt, vorwärts zu gehen und sogleich bei einem ernsten Angriff der Preußen seinen Rapport zu machen. Es war das Ganze, wie gesagt, ohne Folgen, von Stolzenberg und Ohra fiel kein Schuss.

Der kommandierende General erhielt heute Nacht von dem polnischen Oberst Hauck und dem General Dupons aus

Metzschkau die Nachricht, der Feind werde diese Nacht einen Angriff auf unsere Kantonierung machen.

Den 23. März   Einwohner von Neuschottland und Deserteurs überbrachten die nämliche Nachricht. Alles war in der gespanntesten Erwartung. Es erfolgte nichts.

Die 1ste Eskadron von König kam heute nach Borkfeld, die 2te nach Kemlad.

Den 24. März   völlige Ruhe

Den 25. März   die Ankunft des Leutnant v. Lindemann machte den heutigen Tag für uns sehr froh.

Den 26. März   Der Donner der Kanonen forderte uns mit dem anbrechenden Tag zum Kampfe auf. Es erfolgte ein bedeutender Angriff en Linie, der sich zugleich auf unsere hinter der Jesuiterkirche gelegene Schanze erstreckte. Alle Truppen rückten natürlich aus: die Badner und Polen standen zwischen Wonneberg und Stolzenberg, die Nordlegion vor Pitzkendorf und den 3 Linden. Die Preußen kamen aus Zigankenberg hervor und behaupteten die Höhe vor Pitzkendorf, wo sie nur mit 2 Kanonen tätig waren; man sah hinter dem Dorfe eine starke Kavallerie Kolonne. Schliditz und Stolzenberg waren genommen, vor Stolzenberg selbst standen einige Bataillons Preußen und etwas Kavallerie nebst 4 Piecen, unterstützt wurden sie vom Geschütz des Hagelsberges wie vom Bischhofsberg. Vor Wonneberg gegen Stolzenberg hin stellte sich das 19te sehr schwache Chasseur-Regiment auf, und unsere Chevauxlegers unter Trotha. Die Kürassiers waren aufgebrochen und wollten sich auf dem Alarmplatz bei Schönfeld aufstellen, als 2 Eskadrons abberufen und nach Altschottland geführt wurden. Alle übrigen sächsischen Truppen standen bei Metzschkau.

Zuerst war das Gefecht auf dem linken Flügel entschieden. Es schien, als wenn die preußischen Truppen /wahrscheinlich Polen/ dort ihre Schuldigkeit nicht ganz getan hätten. Die Badner und Polen drangen wieder in Schidlitz und Stolzenberg ein, und schossen dort aus den Häusern und Brandstellen nach den Schießscharten der Festung. Besser schlug man sich gegen unseren rechten Flügel und beide Teile fochten mit großer Entschlossenheit und Mut. Soeben hatte Premierleutnant v.Welucki vom Regiment Sänger mit 50 Mann den Leutnant v.Saltza vom Regiment Anton in der Schanze abgelöst, als diese mit 1 Bataillon und einer Menge Schützen und 2 Piecen von den Preußen angegriffen, und mit 24-Pfündern vom Bischofsberge beschossen wurde. Beide Ablösungen vereinigten sich, sowie gleichfalls ein Kommando französischer Infanterie, die täglich zur Bewachung der Schanze bestimmt war. Mutvoll verteidigte sich die Besatzung auf mehreren Punkten, ohngeachtet sehr bald der Premierleutnant v.Wilucki von einer Kanonenkugel schwer verwundet wurde. Er musste seinen Posten verlassen, den der Korporal Kresse von der Langen'schen Kompanie übernahm, ein Mann der 23 Jahre diente, und während dieser Zeit 14 Jahre Unteroffizier war. Unerschrocken unterzog sich dieser seiner neuen Obliegenheit und so lange, bis ein französischer Offizier hinzukam, dem die Kenntnis der deutschen Sprache und das Wohlgefallen an dem Betragen der Mannschaft hierzu aufforderte. Kresse übertrug dem Höheren und Erfahreneren seine Funktion, ergriff Gewehr und Tasche eines Gebliebenen, trat in Reih und Glied, und half so noch den letzten Sturm abschlagen.

Der Leutnant von Saltza wurde gleichfalls, jedoch nicht so bedeutend blessieret; 2 Mann von Anton, 2 Mann von Sänger bleiben auf dem Fleck. 1 Mann von Anton blessiert, 1 vermisst; 5^e von Sänger sehr schwer blessiert, wovon 2^e an den Wunden bald darauf starben, und 2 leicht. - Die Schanze wurde fernerhin behauptet.

Der Feind verlor einige Hundert Gefangene und 4 Offiziers, unter denen sich Herr von Krockow befand, der das Detachement Dragoner bei Manneratz überfallen und den Hauptmann von Raschau so übel bedroht hatte.

Polen und Badner waren unstreitig nicht auf ihrer Hut gewesen, erstere hatten sich von den Kosaken überfallen lassen.

Kewal war von heute an der Quartier der 2ten Eskadron Kürassiers, die bis jetzt in Girschau gestanden hatte. Unsererseits hatten die Badner etwas verloren. Gegen 1 Uhr war die ganze

Affaire beendet, die sich mit großer Hartnäckigkeit anfing, und die in ihren Folgen für beide Teile sehr wichtig werden konnte.

Am grünen Donnerstag vor 14 Jahren nahm der König von Preußen Danzig ein, wobei der jetzige Gouverneur Graf Kalkreuth sehr mitwirkte. Am grünen Donnerstag 14 Jahre darauf wollte dieser es entsetzen. - *Msr. de Kalkreuth a voulu célébrer son jour!* sagte der Marschall, als wir ihn nach beendigtem Gefecht antrafen.

<u>Den 27. März</u>   dem Korps wurde aufgetragen, im Fall eines Alarms eine Stellung vor Schönfeld auf den Höhen zu nehmen, und sich daselbst mit den rechten Flügel der Polen zu vereinigen.

Das Korps rückte sehr früh aus, um sich hiervon vollkommen zu unterrichten. Die Kavallerie sollte sich links vor Wonneberg in die Ebene ziehen, die gegen Stolzenberg führt.

<u>Den 28. März</u>   der Oberst Haupt gab Nachricht, dass um 10 Uhr ein Ausfall erfolgen würde. Die Offiziere des Hauptquartiers wurden nach allen Richtungen verteilt, um den Feind zu beobachten und Nachricht zu geben. Leutnant Claus berichtete, dass die Preußen neue Verschanzungen zwischen Stolzenberg und der Palisadenecke vom Bischofsberg anfangen. Leutnant Moritz meldete eine feindliche Bewegung gegen den Kneiphof zu. Der Hauptmann von Gersdorff machte eine Rekognoszierung gegen Schidlitz, alles schien mehr den Gebäuden die man abbrennen wollte, als den Truppen zu gelten.

Der Marschall bezeugte in dem Tagesbefehl dem Korps seine Zufriedenheit über das Benehmen am 26sten, besonders den braven Verteidigern der Schanze. Zugleich machte er dem Korps bekannt, dass die Generals Michaud beim Centro, der General von der Weydt beim rechten, General Dufour beim linken Flügel angestellt wären.

General Michaud hatte vordem schon en Chef kommandiert. Es schien auch, als ob dem General viel anvertraut werden dürfte, indem man ein besonders Vertrauen in ihn setzte.

Jenseits der Wechsel vertrieben die daselbst unter dem General Schramm postierten Bataillons die Preußen diesseits des Waldes aus ihren Stellungen bei Heubaude /: man sehe hierüber die Rapports des Majors v.Süßmilch und Oberstleutnant Vogel vom 29. und 31. März:/ vide Anhang No. 4 und 5 :/.

Seit den 10ten, als wir in diese Gegend rückten, bot ein ununterbrochenes Feuer, das die schönen Vorstädte von Danzig verwüstete, das schrecklichste Bild des verheerenden Krieges dar. Heute wurde dieses traurige Schauspiel doppelt erneuert. Noch hatte es nicht von der Weichselseite gebrannt. Gegen Abend ging der so genannte Kneiphof auf einmal in Feuer auf.

<u>Den 29. März</u>   Das Korps rückte auf Befehl des General Michaud früh 5 Uhr in die neue Position. Es geschah wohl hauptsächlich, damit er sich selbst mit den Truppen, mit ihrer Verfassung, mit ihrer Stellung bekannt machen wollte.

Es erfolgte von Seiten des Feindes nichts und das Korps brach um 10 Uhr in seine Kantonierungen wieder auf.

Es schien notwendig, sächsischer Seits die Vorposten von der Ohra Schanze bis gegen Stolzenberg zu übernehmen, die zeither die Polen besetzt hielten. Der Verfasser dieses Journals erhielt den Befehl, dieses mit dem polnischen Oberst von Hauck zu regulieren. Es bedurfte eines Vorposten von 100 Mann Infanterie, um jenen Raum völlig zu decken. Er sicherte sich durch 10 Vedetten und einen avancierten Offiziers-Trupp.

<u>Den 30. März</u>   Lindemann ging heute, begleitet von unseren guten Wünschen, nach Dresden ab.

Es traf Nachricht ein, dass dem Major von Süßmilch wegen seines sehr guten Verhaltens und wegen des vorzüglichen Betragens des Bataillons, das Kreuz der Ehrenlegion erteilt sei.

Es war heute vollkommene Ruhe; in der Gegend von Heubaude brannte ein Haus ab, in der Umgegend von Danzig gingen mehrere Feuer auf.

<u>Den 31. März</u>   Mehrere Kanonenschüsse forderten das Korps zum Ausrücken auf. Man glaubte sich durchaus nicht sicher vor einem Ausfall, wozu die freilich öfters sehr

zweideutigen Nachrichten der Deserteurs Veranlassung gaben. Der Kanonendonner kam von Weichselmünde her. Der Hauptmann von Gersdorff, den der kommandierende General gleich nach der bedrohten Gegend abgesendet hatte, traf auf den Obersten Hauck, der in gleicher Absicht dorthin eilte. Diesem schien es ein falscher Angriff, um unsere Aufmerksamkeit zu teilen, er vermutete ein weit ernstliches Unternehmen auf einen entfernteren Fleck. Es erfolgte nichts.

Nachdem alles ruhig war, ritt der General v.Polenz mit seinen Offiziers auf den Pavillon, wo man den Gang des Gefechtes bei Bonsets noch deutlich sehen konnte.

In dem Hauptquartier war der General Savary, Adjutant des Kaisers angekommen, der heute die ganze Umgegend besichtigte. Seine Ankunft schien nun noch größere Tätigkeit in die Unternehmungen zu bringen, insofern solche ohne schweres Geschütz fortschreiten können. Die wirkliche Ankunft desselben muss für uns der erwünschteste Tag sein.

April 1807

<u>Den 1. April</u>   die gestern schon verkündigte Ankunft eines Teils des schweren Geschützes, und die noch in weit stärkerem Maße zu hoffende Nachfolge mussten unserer Seits natürlich Maßregeln hervorbringen. Es musste ein Punkt angenommen werden, von dem aus man der Stadt sich nähernd jenes Geschütz in Tätigkeit setzen wollte. Man wählte hierzu den Zigankenberg, dem Hagelsberg gegenüber. General Gardenne griff ihn daher früh 5 Uhr an. Der von ihm kommandierten Nordlegion und den Badnern fiel das Los zu.

Der Angriff geschah rasch, mit etwas zu wenig Vorsicht von Seiten der Badner, denen es überhaupt mehr an Klugheit als Bravour zu fehlen scheint. Prinz Radziwil benimmt sich sehr ausgezeichnet. Die Preußen leisteten keinen geringen Widerstand. Es galt einer Besitznahme, deren Gefahr für die Zukunft sie ahnten und kennen mussten; inzwischen entschied der Ausgang wider sie. Lange machte Kavallerie mit Kosaken unterstützt den Erfolg streitig, ja es wurde sogar eine Kompanie Badner gegen diese ein Opfer ihrer Unerschrockenheit.

Die herbeieilenden Ingenieurs und Sappeurs fassten Boden, und fingen an sich einzugraben; die Trancheen waren eröffnet, der Hagelsberg der Punkt, gegen den sie gerichtet waren. Gegen 3 Uhr war alles geendigt. Einzelne Schüsse erinnerten an die Arbeiten, die man auf jenen Berge vornahm, sie hatten nächstdem die fruchtlose Absicht, den Biwak den Badner hinter Zigankenberg oder das Dorf anzustecken.

Dem kommandierenden General war schon wiederholt das Kommando der gesamten Kavallerie angetragen worden. Um sich den Beschäftigungen, die ihm die sächs: Befehlshaberstelle auflegte nicht zu sehr zu entziehen, hatte er es immer ausgeschlagen. Jetzt war es nicht länger möglich. Man wurde dringender, die Ehre des Dienstes erheischte jenes Opfer. Ihm wurden daher das 19e und 23e Regiment Chasseurs, das Kommando Husaren und Dragoner Badner sowie die polnischen Ulanen übergeben.

Es versteht sich, dass hierzu die sächsische Kavallerie gerechnet wurde. Demohngeachtet betrug sie nicht mehr als 3 volle sächsische Regimenter betragen haben würden. Ausgezeichnet war das 23e Regiment. - Der heutige Tagesbefehl enthielt obige Anordnung.

<u>Der 2. April</u>   Wer hätte je glauben können, dass jenem Tag nicht eine höchst unruhige Nacht folgen müsste. Es war nicht der Fall, sie war ruhiger wie eine.

Nur der völlige Morgen wurde durch mehrere Schüsse bekannt gemacht. Das Korps rückte aus. Die nähere Untersuchung zeigte den Ungrund unserer Vermutungen. Zwar hatte man auf jene tätigen Bewohner des Zigankenberges gefeuert, inzwischen galten die mehrsten Schüsse unseren Kameraden auf der Nehrung. Auch von dort her hatte man gestern einen Angriff auf eine Schanze, die die Polen erstürmen sollte, gewagt. Der Erfolg entsprach nicht, auch war man mit dem Feuer der dortigen sächs: Artillerie unzufrieden.

Wie deutlich ergibt es sich nicht, dass eine Artillerie nur dann gut werden kann, wenn man sie von Vorurteilen befreit; wenn man sie im Frieden zum Kriege übt. Die Artillerieschule in Brienne liefert Belagerungen und Verteidigungen, wobei kein

Pulver und nichts gespart wird. Einmal öffentlich nach dem Ziel schießen ist nicht hinlänglich.

Inzwischen dauerten die Arbeiten fort und man war mit 300 Ellen Parallele bereits Nachmittag fertig. Ein falscher Alarm beunruhigte das Korps einige Augenblicke.

Aber immer fehlte noch das schwere Geschütz. Zwar war bereits eine Kleinigkeit angekommen, auch sendeten wir den Leutnant v.Beulwitz von König mit 25 Pferden einem neuen Transport entgegen, inzwischen war man noch nicht bis zu dessen Anstellung gekommen.

<u>Den 3. April</u>   Ein heftiges Feuer alarmierte in der Mittagsstunde das Korps. Es rückte aus. Hinter den Höhen in der Gegend der Evangelischen Kirche hatten sich die Preußen formiert. Sie brachen hervor und warfen die aus Badnern und der Nordlegion bestehenden Vorposten zurück. Dieses glückte, weniger das ganze Vorhaben, die Besatzung und Arbeiter auf dem Zigankenberg in Flanke zu nehmen. Nach einigen Verlust von beiden Seiten wurde die Ruhe wieder hergestellt und die alte Position behauptet. Die Absicht des Feindes lag am Tage, um ihr zu begegnen, wurden noch Abends 8 Uhr die beiden Bataillons Sänger kommandiert, die aufbrachen und hinter Zigankenberg Posto fassten. - Es erging zugleich der Befehl, dass morgen früh 4 Uhr alles in der Position stehen und sein sollte.

<u>Den 4. April</u>   Zufolge der gestrigen Anordnung stand alles bereit. Mit der gespanntesten Erwartung sah man zukünftigen Ereignissen entgegen, jedermann glaubte sich als Mitwirker bei einem bedeutenden Vorfall, inzwischen verstrich fast kein Tag ruhiger wie dieser. Gegen Mittag befand sich alles in den Quartieren.

Der kommandierende Generalleutnant trat heute sein Kommando über die Kavallerie vollkommen an.

Ein Kurier von Dresden, Feldjäger Bielig, überbrachte sowohl Königl: Allerhöchste Befehle als auch Nachrichten. Er wurden die Capitains v.Bünau und v.Gersdorff, ersterer beim Regiment Sänger, letzterer beim Regiment Albrecht zum Major avanciert, der Leutnant Lehmann zum Capitain. Der Hauptmann Duckwitz von Anton erhielt den Charakter als Major der Infanterie und wurde Kreis-Kommissarius im Vogtländischen Kreis.

Den 5. April   Allgemeine Ruhe. Früh einige Kanonenschüsse, jedoch nichts von Bedeutung. Mit der größten Ruhe wurden die Arbeiten fortgesetzt.

Inzwischen ging heute eine bedeutende Veränderung im Korps vor. Vor Pitzkendorf rückten die Bataillone Sänger, Anton, Bevilaqua und Cerrini ins Lager. Die Kürassiers kamen 1te 3te Eskadron nach Schönfeld, die 2te 4te nach Schindelkau. Das 2te Bataillon Anton bezog den Biwak vor Albrecht, und die Eskadron Schindler blieb zum Teil in Albrecht, teils auch ein Teil unter dem Hauptmann Trotha in Nenkauerberg. Das sächs: Hauptquartier kam nach Schönfeld, die Generale von Oebschelwitz und von Glaffey bezogen das 3-Linden-Vorwerk gleich hinter dem Infanterielager.

Den 6. April   Große Ruhe. Die Arbeiten gingen gegenseitig mit großem Eifer fort.

Es geht die Ordre ein, dass das Lazarett von Schöneck nach Pelplin kommen soll, sowie dass den 8ten von Seiten des Korps ein Offizier in Prust eintreffen soll, der die Kranken in Gemeinschaft des Grand Chirurgien en Chef visitiert.

General Gardanne übernahm das Kommando auf der Insel, General Menard die Stelle eines Chef de l'etat major bei Michaud.

Den 7. April   Der Korporal Kresse erhielt seines Wohlverhaltens am 26ten wegen, die silberne Medaille. Das Regiment trat ins Gewehr, und präsentierte während dieser Handlung das Gewehr.

Eine Ordre des Marschalls setzte mit vieler Genauigkeit den Gang des Belagerungsdienstes fest, und bestimmte, dass die Redoute von Ohra No. 1, die bei der Mühle No.2, bei Stolzenberg No. 3, bei Zigankenberg No. 4 und diesem links in der Plaine No. 5 sein sollte.

Den 8. April   Völlige Ruhe. - Man fängt die Trencheen von der Ohraschanze gegen Stolzenberg zu an. - Abends wurden die Anstalten zu Eröffnung der 2ten Parallele auf dem Zigankenberg getroffen, und man vermutet, dass dieses nicht ohne bedeutende Unternehmungen des Feindes gegen diese Arbeit bewirkt wird werden können. Der Premierleutnant Claus vom kgl: sächs: Ingenieurkorps war hierzu kommandiert.

Den 9. April   Nichts destoweniger. Das Korps war in beständiger Erwartung. Man ließ uns ruhig bauen und freilich säumten 550^{ig} fleißige Arbeiter nicht, sich so einzugraben, dass sie beim einbrechenden Tage gedeckt waren. Sie brachten es dahin und als er erst den Belagerten unsere nahe Nachbarschaft von 600 Schritt entdeckten, waren diese schon nicht mehr im Stande, uns durch Haubitzen und Bomben zu schaden. Ungemein kühn war die 2te Parallele ausgeführt.

Den 10. April   Es ging eine Meldung des Oberstleutnant v.Vogel über seine Expedition am 2ten ein, wo er mit 1 Bataillon Max, 1 Kompanie leichter französischer Infanterie und 1 Kompanie polnischer Füsiliers kommandiert wurde, um den von Pillau her andringenden Preußen entgegenzugehen /: Man sehe die beiden Rapports vom 4ten und 9ten April des Oberstleutnant Vogel:/ vide Anhang No. 6 und 7.

Den 11. April   Die Preußen hatten auf unserem linken Flügel eine kleine Schanze angelegt, aus welcher sie auf unsere Arbeiten feuern wollten. Das 19^{e} frz. Linien Regiment nahm sie in der Nacht und übergab sie dem Leutnant Just vom Regiment Bevilaqua, der sie mit 44 Mann vernichtete. Sie wurde hierauf am Morgen von uns freiwillig verlassen. Der Grenadierhauptmann von Gerskow vom Regiment Homberger und 52 Gemeine inkl. 1 Unteroffizier wurden gefangen. Der Verlust beim 19^{e} Regiment betrug 1 Toten, 3 Blessierte. Sächs: Seits ergab sich gar kein Verlust.

Den 12. April   Der heutige Tag wurde dazu von den Preußen angewendet, jene von uns vernichtete Aproche wieder herzustellen. Sie arbeiteten mit großem Fleiß daran. Unserer Seits arbeitete man gleichfalls mit dem größten Fleiß an der 2ten Parallele. Man sah voraus, dass der linke Flügel derselben sich bis an einen Hügel, den man verlassen hatte, erstrecken und dass dessen neuere Wegnahme und Beschützung notwendig werden würde. Wirklich erfolgten hierzu die Befehle. Das Grenadierbataillon v.Cerrini formierte hierzu den ersten Angriff zwischen 9 und 10 Uhr, dem zur Unterstützung das Bataillon Bevilaqua aufmarschiert war.

Zu aufmerksam auf den Nachteil, den die gegenseitige Besitznahme dieses schon einmal bestrittenen Terrains mit sich führte, hatten die Preußen alles zu seiner Verteidigung aufgeboten. Die am 10ten vom 19e Linien-Regiment genommene Verschanzung war nicht viel mehr als Flesche, jetzt war es fast zur Redoute umgeändert und verpallisadiert. Selbst ein leerer Raum der anstieß und einen Angriff unserer Seits begünstigen konnte, war auf diese Art dafür verwahrt. Sie war nächstdem noch nicht mit Geschütz versehen, da sie unter dem Schutze der Kanonen des Hagelsberges sich befand.

Der Sturm erfolgte, aber nicht so, dass der Feind unsere Annäherung nicht wahr genommen hätte. Ein heftiges Kartätschenfeuer, das mehrere Leuchtkugeln begünstigten, vereinigte sich mit der tapfersten Gegenwehr der Besatzung. Dennoch kam sie, jedoch nicht ohne bedeutenden Verlust, und nur erst, als der Oberste von Hartitzsch mit dem Bataillon Bevilaqua herbeieilte, in unsere Hände.

<u>Den 13. April</u>   Früh um 5 Uhr näherte sich der Feind in 3 Kolonnen. Er hatte die besten Truppen der Garnison gewählt, um seines Zweckes sich mehr zu vergewissern. Der Angriff geschah seiner Seits mit großer Entschlossenheit. Die Besatzung der Schanze musste der Übermacht weichen, sie war genotgedrungen, sich bis gegen die Trencheen zurück zu ziehen, deren Ausgang und die darinnen befindlichen Arbeiter der Major von Kaiserlingk vom Regiment Anton mit seinem Bataillon zu decken hatte. Hitzig folgte der Feind, griff die Trencheen, ja es sprang selbst einer ihrer entschlossensten Offiziere, der Leutnant von Streuwitz vom Grenadierbataillon Schmehling 3mal in die Trencheen. Noch 50^{ig} brave Grenadiers wie er würden die Losung zum schaudervollsten Blutkampf gegeben haben.

Indem der Major von Kaiselingk, nebst dem Hauptmann von Britzke und Fähndrich von Klösterlein, sich mit der größten Anstrengung verteidigten, fiel Ersterer als das Opfer seines edlen Mutes, indem dem Hauptmann von Britzky der rechte Arm zerschmettert, der Fähndrich von Klösterlein hingegen durch den Fuß geschossen wurde. Beide ließen ihre Untergebenen ohngeachtet ihrer körperlichen Verhältnisse nicht zum weichen kommen. Ununterbrochen muntereren sie sie zum Kampfe auf, und sogar suchte der Fähndrich von Klösterlein, auf einen Musketier gestützt, sie von Neuen gegen den vordringenden Feind anzuführen. Solche Beispiele verfehlen ihre Wirkung nie. Er wurde geworfen, und musste seine Flucht um desto mehr beschleunigen, weil der Marschall selbst mit dem 44^e Linien Regiment herbei eilte und ihm außerdem den Rückzug abgeschnitten hätte.

Von neuen bestiegen wir die Schanze, die durch die angestrengteste Mühe mit unsern Arbeiten vereinigt wurde, und so einem neuen Angriff Trotz zu besten schien.

Tot, gefangen und blessiert waren:

Regiment Anton

Major von Kaiserlingk	tot
Hauptmann v.Britzky	durch den rechten Arm geschossen
Fähndrich v.Klösterlein	desgl. durch den rechten Fuß

An Gemeinen	3 Mann	tot
	13 ˝	blessiert
	4 ˝	gefangen und vermisst

Regiment Sänger

1 Gemeiner	tot
2 Unteroffiziers, 10 Gemeine	blessiert
4 ˝	gefangen und vermisst

Grenadierbataillon von Cerrini

Oberstleutnant v.Cerrini	tot
Hauptmann v.Dallwitz	gefangen und lt. Aussage preuß. Offiziers an seinen Wunden gestorben
2 Leutnants v.Kracht, v.Westin	gefangen

2 ˝	v.Dürrfeld, Hille	blessiert

3 Unteroffiziers, 10 Gemeine		tot
1 ˝	24 ˝	blessiert
1 ˝	19 ˝	gefangen und vermisst

<u>Bataillon Bevilaqua</u>

Leutnant v.Häußler	tot
Major v.Könitz	blessiert
Hauptmann v.Guden	˝
Leutnant v.Bauern	˝

3 Gemeine	tot
16 ˝	blessiert
19 ˝	gefangen und vermisst

Zusammen	20	Tote
	73	Blessierte
	53	Gefangene oder Vermisste
Summa	146	Mann

Das von dem Marschall herbeigeführte 44e Regiment hatte gleichfalls bedeutend gelitten. Es zählte an 16 tote, gefangene und verwundete Offiziers. Der Leutnant von Streuwitz vom Grenad: Batail: Schmehling, der Leutnant Molitor vom Füsilier-Batail: Rühle und einige 100ert Mann von mehreren Regimentern, besonders von denen Grenadiers, waren in unsere Gefangenschaft geraten. Die Schönheit der Leute bewies, dass man von Seiten der Festung die Elite daran gewagt hatte.

In vorzüglichem Lichte erschien das Benehmen des Obersten von Hartitzsch. Er bewährte den Ruhm, den er sich als Kommandeur des Regiments König bei Jena erworben hatte. - Er war der Erste auf der Schanze, 4 Gefangene machte er mit eigener Hand. Der brave Hauptmann von Schönfeld und Leutnant und Adjutant von Obernitz folgten ihm. Dem ganzen Bataillon ist ein vorzügliches Benehmen durchaus nicht abzusprechen.

Der Hauptmann von Britzky verließ, obschon schwer verwundet, das Schlachtfeld dennoch nicht, und der Fähndrich von Klösterlein führte durch den Fuß geschossen und indem er sich auf einen Musketier stützte die Mannschaft, die durch den Unfall, der ihre Offiziere betraf, für den Augenblick außer Fassung war, noch zum neuen Angriff an. In den Analen dieses Tages, der für die sächsische Infanterie sehr ehrenvoll war, gebührt diesem jungen Mann schwungvollen Mann die ehrenvollste Erwähnung.

Mehrere Mannschaften hatten sich vorzüglich ausgezeichnet.

Den 14. April   Ein bedeutendes kleines Gewehr- und Kanonenfeuer war in der heutigen Nacht durch unvermutete fast unbekannte Umstände verursacht worden. - Es war den ganzen Tag über ruhig. - Der Premierleutnant von Globig kehrte heute aus der Gefangenschaft zurück. - Mehrere auf der Reede von Danzig angekommene Schiffe erregen keine ganz ungegründete Besorgnisse.

Der heutige Tagesbefehl enthielt folgende Stelle:

Mr. le Marechal se plait à temoigner aux troupes qu'il commande, l'entière satisfaction qu'il a eu de leur conduite dans la nuit du 12 au 13 et dans l'affaire qui a eu lieu le lendemain.

Les troupes Saxonnes et le 44e régiment ayant eu l'occasion de se distinguer plus particulièrement a l'attaque et à la defense de l'ouvrage enlevé à l'ennemi, ont déployer toute la bravoure qu'il en attendait.

Den 15. April   Die Nacht war ruhig. - Einige Schüsse die fielen geschahen teils gegen die Arbeiter, teils wurden sie durch die Vorposten veranlasst.

Man brachte in Erfahrung, dass 4 englische Fregatten, jede zu 14 - 16 Kanonen, an dem Ufer kreuzen. Sie feuerten auf unsere Vorposten. Mit Landungstruppen sollen sie nicht versehen sein.

Den 16. April   Man hörte ein bedeutendes Feuer von Seiten der Insel. Wir sahen Sachsen im Gefecht. Es ließ sich bestimmen, dass ein großes Unternehmen und wahrscheinlich die Verhinderung aller Kommunikation zwischen Weichselmünde in Danzig im Werke sei. Dieser Seits sendete man nachmittags des 2te Bataillon Anton zum Soutien dahin.

Übrigens war es bei uns, das mehrere Schießen abgerechnet, ruhig. Alle Aufmerksamkeit war auf jene Seite gewendet..

<u>Den 17. April</u>   Der Leutnant von Globig wurde abgesendet, um die nächsten Nachrichten auf der Insel einzuziehen. Man sah einer Rückkehr mit gespannter Erwartung entgegen.

Die sächs: Infanterie veränderte ihr Lager. Sie zog sich mehr links und den Werken noch näher. Sie befand sich nicht außer der Schußweite.

Der General von Glaffey war unvermögend ferner Dienst zu leisten. Seine Konstitution erlaubte es ihm keineswegs. Mit einem wehen Fuß, mit blöden Augen konnte er selbst bei dem besten Willen nicht eine einzige Nacht über in den Trencheen seine Pflicht erfüllen. Er erbat sich die Erlaubnis, zurückgehen zu dürfen und reichte sein Gesuch um Entlassung ein.

Im Lager erhielten heute die sächsische Verdienstmedaille:

Zimmermann Bretzel	von Bevilaqua
Schütze Hempel	ʼʼ
Tambour Horn	ʼʼ
Gemeiner Jurick	von Anton.

<u>Den 18. April</u>   Der Brigademajor von Globig traf wieder ein. Die Resultate seiner angestellten Bemerkungen bestanden nach seiner Relation in folgendem:

Trotz dem, dass ein kleines Korps die Nehrung besetzt hielt, so war dadurch dennoch nicht die Kommunikation von Danzig nach Weichselmünde gehemmt. Sie konnte zu Fluß ungehindert stattfinden, fünf Schiffe, so jedes 250 Mann fasst und eine Fähre begünstigten dieses. Um diese Verbindung zu trennen, wollte man eine Redoute auf dem Punkt anlegen, wo die Erdzunge der Insel Holm gegen die Nehrung läuft und der Kanal, welcher die Insel von der Nehrung trennt, sich in die Weichsel ergießt. Man wählte hierzu die Nacht vom 15ten - 16ten April.

Am 15ten Abends um 6 Uhr trat die ganze 4te Division unter General Gardanne, der diese gefährliche Expedition selbst leitete, unters Gewehr, rückte bis an den Rand des Waldes vor und die diesseitigen Patrouillen drückten die Posten des Feindes bald zurück.

Mit der größten Schnelle fingen die Arbeiten an. Der General Gardanne ließ viel Branntwein austeilen und ermunterte die Leute in eigener Person, so dass in dieser Nacht ein bedeckter Kommunikationsweg von ohngefähr 400 Schritten, der gegen die Redoute führte und die Redoute selbst fast bis zur Deckung der Leute fertig, sowie eine vorwärts gelegte Flesche teilweise beendigt wurde.

Die Nacht blieb ruhig. Erst um 7 Uhr des Morgens fing sich von Weichselmünde her ein Tirailleurfeuer an, das immer heftiger wurde. Es schien durch ungefähr 120 Mann der Festung engagiert zu sein. Gegen 9 Uhr brachen 1.000 Mann Russen aus der Festung hervor. - In der Redoute standen 200 Mann, und zwar von den Sachsen:
1 Premierleutnant Sohn mit 28 Grenadiers von Süßmilch
1 Sousleutnant Häußler mit 50 Musketiers von Max
zu deren Unterstützung um 11 Uhr noch
1 Premierleutnant v.Schlieben mit 30 Grenadiers von Süßmilch nachkamen. - Die Schützen beider Bataillone tiraillierten in und zwischen den Häusern am Ufer, und wurden durch Trupps unter dem Sousleutnant v.Eberstein von Max und Sousleutnant Renner von Clemens unterstützt. Alle übrigen Truppen blieben in ihrer Stellung am Walde.
Die russische Kolonne ließ sich durch das angestrengteste klein Gewehr-Feuer aus der Redoute nicht abhalten in der Entfernung von 50 - 60 Schritt die schmale Erdzunge und die Brücke über den Kanal zu passieren. Auf 3 Punkten griffen sie die Redoute an. Die Besatzung war in der größten Verlegenheit. Die schnelle Entschließung des Generals, der selbst in der Redoute war, rettete. Er ließ Alarm schlagen, übersprang mit den Truppen Parazet und Graben, und rannte mit gefälltem Bajonett auf die Russen ein. Sie flohen und zogen sich gegen Danzig zurück. Verfolgt konnten sie nicht werden, weil man die Schanze nicht so weit verlassen durfte.

Bald erneuerte sich jedoch der Kampf. Eine fast aus 1.600 Mann bestehende Verstärkung, meistens Preußen, rückte heran, und nahm die Fliehenden auf. Im Verhältnis der Verstärkung verdoppelte sich der Kampf, der sich jedoch wie der erste zu unserem Vorteil endigte. Mehrere fanden in den Wellen ihr Grab, mehrere zogen sich in die Festung zurück. Ein Teil warf sich nach Weichselmünde, und in die nah gelegenen Häuser. Der Leutnant von Schlieben vertrieb sie mit einer halben Kompanie Clemens und zündete die Häuser an.

Um 4 Uhr war eines der hartnäckigsten Gefechte, die es in dieser Belagerungsgeschichte gegeben hat, beendigt, und ein unvergänglicher Lorbeer für die, die es bestanden, errungen. Gewalt und Mut lagen im Gegenkampf, der Erfolg entschied für letztren.

Die Truppen am Walde waren zwar untätig, bekamen jedoch mehrere Blessierte, bis der General sie niederlegen ließ.

Die Nacht von 16 - 17ten war ruhig, einzelne Schüsse und Granatwürfe abgerechnet.

Die Redoute wird nunmehr auf 3 Kanonen, a) die das jenseitige Ufer, b) die Lage des Flusses und c) das Land gegen die Weichselmündung bestreicht, eingerichtet. Die vor uns, tiefer liegende Flesche erhält 2 Kanonen und ist besonders zur Behinderung der Passage auf der Weichsel bestimmt.

Zur Unterstützung dieser Werke wird auf dem linken Ufer gleichfalls eine Redoute angelegt, welche fast vollendet ist, wodurch die Passage ohnmöglich wird. Der Verlust des Feindes wird auf 400 Mann angegeben. Auf unserer Seite 140 Mann und von den Sachsen

Grenadierbataillon Süßmilch	8 Tote	22 Blessierte
Bataillon Max	2 ´´	15 ´´
	10 ´´	37 ´´

wovon das Kommando unter dem braven Leutnant Sohn, an 28 Mann, allein 7 Tote und 13 Blessierte hatte.

Am 17ten früh traf das 2te Bataillon Anton auf der Nehrung ein. Das ganze Korps daselbst konnte nunmehr aus 3.000 Mann, nach Abzug des Verlustes, bestehen. Die Besatzung in Weichselmünde schätzt man auf 600 Mann. Man fuhr übrigens mit Befestigung der Redoute fort und ließ sich durch das

häufige Granatenfeuer nicht hindern. Wir hatten hierbei:
1 Grenadier tot, 3 Mann Max blessiert.

Den 17ten abends um 8 Uhr trieb ein Schiff mit 3 Masten von Weichselmünde nach Danzig. Es war ganz bedeckt und hatte auf jeder Seite 2 Kanonen. Nur erst als es unsere Vorposten beschossen, feuerte es, die Batterie des Forts und des rechten Ufers taten ein Gleiches. Es entstand der fürchterlichste Kartätschenregen. Zwar fingen alle Truppen dieser Seite an zu wanken, bald waren sie jedoch wieder im Avancieren und beschossen das Schiff mit kleinem Gewehrfeuer und mit einigen herzu gekommenen Kanonen so, dass es wendete und zurückkehrte. Jetzt sah man ein 2tes Schiff, das gleichfalls umkehrte. Ein unterbrochenes Feuer folgte ihnen. Die diesseitigen Truppen gingen bei dieser Gelegenheit bis ganz nahe an die Werke des Forts vor, von welchem man sich jedoch bei anbrechendem Tage zurückzog.

Die Schützen von Süßmilch und Max, 1 Kompanie Oebschelwitz, 1 Kompanie Max nahmen an diesem Gefechte teil, der Verlust dabei bestand in:
Grenad: Süßmilch: 2 Toten, 15 Blessierten, worunter der Premlt: von Hochheimer vom Regt: Oebschelwitz, der den linken Fuß verlor.

In der Nacht vom 17ten zum 18ten wurde die Arbeit ohne große Beunruhigung fortgesetzt, doch wurden 2 Mann vom Bataillon Anton durch einzelne Schüsse blessiert.

Die Totale beträgt daher 13 Tote, 57 Blessierte.

Es ist hier notwendig eines merkwürdigen Tagesbefehls vom 17ten zu gedenken:

En conséquence des ordres de S.E.M. le Marechal, il sera désigné des officiers du grade Capitaine au moins pour commander dans les redoutes. Ces officiers en conserveront le commandement tout les temps du siege quelque soit le nombre des troupes employés à leur défense.

Msr. le général von der Waidt choisera un officier pour la redoute No. I, Msr. le général Gilgud pour la redoute No. II, S.A.Pr. le Grand Duc de Bade pour la redoute No. III, Msr. le

*général Michaud pour les redoutes No. IV et V et Msr. le géné-
ral Puthod pour la redoute No. VI.*

*Les commandants des redoutes y résideront sans interrupture
et seront personellement et spécialement charges de leur défense.*

*Ils signeront le serment de ne jamais l'abandonner quelque
effort que puisse faire l'ennemie.*

*M.M. les généraux enverront des demain les officiers à leur
nouveaux postes et leur noms et leur serment à Msr. le Marechal.*

*M.M. les officiers du génie seront de suite construire dans
chaque redoute un abri commode pour logement du commandant.*

*Msr. le Marechal se réserve d'accorder à chacun une indemnité
particulière, pour le service extraordinaire qu'il aura à remplir,
et promet à ceux qui auront le bonheur de s'illustrer une re-
commandation près de Sa M. l'Empereur et Roi, qui n'a jamais
laissé sans récompense les action des braves.*

Sächsischer Seits befindet sich unter diesen der Ehre und dem
Tode Geweihten der Hauptmann von Schönfeld vom Regiment
Bevilaqua.

Es ging die Nachricht vom Marschall ein, dass des Kaisers und
Königs Majestät das Kreuz erteilt haben:

> dem Oberstleutnant von Vogel
> dem Hauptmann von Römer   von Clemens
> dem Leutnant von Wilucki   von Sänger
> dem Feldwebel Hesse   v. Oebschelwitz
> dem Schütze Wild   v. Maximilian

Den 19. April   blieb, soviel man jetzt weis, von beiden Seiten alles ruhig. Aus der Festung ging der Totenschein
des Hauptmann v.Dallwitz ein, der kurz nachdem man ihn ein-
brachte, an seinen Wunden gestorben war.

Die harte üble Witterung erschwert alle Arbeiten ungemein.
Es kommt mehreres Geschütz, sogar Wurfgeschütz, an, das
nach und nach aufgestellt wird. Begünstigten es die Umstän-

de, wir würden weit mehr leisten können. Die Witterung ist so stürmisch und hart, als sie nur im Januar oder Februar sein kann.

<u>Den 20. April</u>   Ruhe. - Fortgang der Arbeiten.

<u>Den 21. April</u>   desgl. Das Detchement von Schindler in Albrecht wird nach Muckan verlegt, weil daselbst eine Eskadron des 19e Regiments Chasseurs à Cheval zur Eskorte eines Transports Artillerie nach Lüslin kommandiert war.

Der Hauptmann von Schönfeld erhielt als Kommandant der Redoute No. 5 folgende Autorisation:

S.E.Msr. le Maréchal, commandant en chef de 10ᵐᵉ corps

Confirme la nomination de Msr. Schönfeld au commandant de la redoute No. 5. Cet officier est en consequence chargé spécialement et personnellement de la defense.

Il commandera en toutes les occasions quelque soit le nombre des troupes qui entrent dans sa redoute et quelque soit le grade de l'officier, commandent les détachements.

Il se concertera pour tout ce qui regarde le service des pièces acec l'officier d'artillerie, attaché a la même redoute. Mais le placement, les dispositions et en un mot le maniement des troupes qui la défendent, sont entièrement confis à son intelligence et à sa bravoure.

Il sera des rapports directs à Msr. le Maréchal pour lui faire connaitre les militaires qui se sont distingues.

Msr. le Maréchal regarde comme inutile de lui donner des instructions détaillées , - une seule suffit. La redoute No. 5 est confiée à son honneur. Le serment qu'il à signe est le garant de son zèle.

Ce serment sera à jamais pour lui un titre de gloire et un garant récompenses qui lui sont assurés.

Le général de division, chef d'etat major
Drouet

Solche Mittel müssen das größte Ehrgefühl auch aufs Höchste spannen.

Den 22. April   Zu unserem Glück bessert sich die Witterung. - Der entscheidende Zeitpunkt rückt immer näher. Der Feind scheint ihn zu vermuten. Er vermehrt sein Feuer. Eine innerhalb Stolzenberg angelegte Batterie, die den Hagelsberg in Rücken nimmt, wird zu seiner Zeit große Wirkung tun. So sehr der Bischofsberg sich bemüht, sie zu vertilgen, so wenig ist er im Stande, ihr ernstlichen Schaden zuzufügen. Man vollendete gegen den Stolzenberg in dieser Nacht eine aus der Spitze der äußersten Parallele hervorragendes Zickzack, aus dem man mit Schützen die Artilleristen an den Geschütz beschoß. Es ergibt sich hieraus die unglaubliche Nähe, mit der wir bis an die Festung herangekommen sind.

Den 23. April   Der Marschall ließ die 5 im Lager bei Zigankenberg stehenden Bataillons ausrücken und jedes einzelne en Colonne setzen. Er ritt zu einem jeden insbesondere, um es zu haranguieren. Neben dem Dank für die zeither bewiesene Bereitwilligkeit und Ausdauer in dem ebenso gefährlichen als sehr schweren und fast ununterbrochenen Arbeiten bei der übrigen sehr geringen Kost, sicherte er ihnen ein baldiges Ende von alledem zu. Er versprach in dieser Nacht noch das Bombardement anzufangen und dadurch den gegenseitigen General zu beweisen, dass seine Kanonen nicht von Holz wären. Er versammelte endlich noch die Offiziers und machte ihnen für die jetzigen Verhältnisse sehr passende Bemerkungen.

Den 24. April   Einige früh Punkt 1 Uhr aufsteigende Raketen gaben die Losung. Das Bombardement begann, vielleicht unsererseits mit nicht mehr als 40 Piecen. Man beschoß die Stadt mit Bomben und Granaten und fuhr damit bis zum Morgen fort, wo man Kugeln gegen die Werke richtete. Die Festung antwortete mit vieler Entschlossenheit und ununterbrochen.

Man ging des Nachts mit jenen boyaux noch weiter vorwärts und suchte sie zu vereinigen. Auch von der Batterie die innerhalb Stolzenberg liegt, avancierte man noch eine kleinere, die

2 Kanons gegen den Hagelsberg und 2 gegen den Bischofsberg richtete. Die Beilage sub A bemerkt die wirkliche Stärke des Beagerungskorps zum Dienst, sowie die sub B die Verteilung der Artillerie, die jedoch von Tag zu Tag vermehrt wird.

<u>Den 25. April</u>   Der General erteilte dem Feldwebel Hanisch, dem Korporal Herrmann, dem Gemeinen Grohmann und Hänisch, insgesamt vom Regiment Sängerin die Medaille wegen ihres guten Benehmens in der Affaire vom 13ten hujus.

Die Festung wurde Nachmittags aufgefordert. Man nahm dem Offizier am Tore die Depeschen ab und fuhr mit einem vermehrten Feuer von Seiten der Festung fort.

<u>Den 26. April</u>   Die neuen Arbeiten wurden fortgesetzt. Sie waren dem Feinde zu lästig, als dass er nicht alles hätte anwenden sollen, um sie zu verderben. Mit 2 Kompanien Grenadiers und 2 Kompanien Füsiliers griff er daher 1/2 11 Uhr die Arbeiter an und warf sie zurück. Nachdem sie das Gewehr ergriffen hatten und durch ein Detachement von 30 Mann vom 19e Regiment unterstützt wurden, trieb man den Feind gleich in die Palisaden zurück. Er stellte seine Jäger und Schützen innerhalb derselben und unterhielt bis den 27ten früh 10 Uhr ein kleines Gewehrfeuer, das ununterbrochen dauerte. Ebenso heftig war mit dem anbrechenden Tage und besonders gegen 9 Uhr das Feuer der Artillerie. Unablässig beschoß der Feind die Trencheen mit Bomben und Granaten, die vortrefflich gerichtet waren. Dem ohngeachtet war der Verlust nicht bedeutend, und würde noch unbedeutender gewesen sein, wenn nicht ein zersprungener 12-Pfünder 2 Grenadiers getötet hätte. Außer ihnen wurden 1 Korporal, 5 Gemeine von Anton, wovon einer starb, 2 Gemeine Grenad: Batail: Cerrini und 3 Gemeine von Sänger verwundet. Der ganze Verlust in den Trencheen bestand in diesen 24 Stunden in 1 Offizier /: Leutnant Württemberg von den Badnern, den gleichfalls jener 12-Pfünder getötet hatte :/ 11 Gemeinen tot und 36 Gemeinen blessiert.

Gegen 10 Uhr brachte ein Trompeter das Antwortschreiben des Gouverneurs, Grafen Kalkreuth. Es war wie natürlich verneinend, und mit der Würde abgefasst, die einem Mann eigen

sein muss, der als vorzüglicher Soldat alt geworden, und bis jetzt die gute Meinung vor sich hatte. Schon dieses hat er wenigstens vor alle den übrigen Verteidigern der preußischen Festungen voraus, dass die Belagerung von Danzig zur förmlichen geordneten Belagerung gediehen ist. Muß er sich dereinst übergeben, so hat er gewiß nichts verabsäumt, was zu ihrer Erhaltung beitragen konnte.

Dass er vor Eröffnung der Trencheen nicht mehrere und bedeutendere Ausfälle wagte, mochte wohl an seiner Garnison liegen. Schwach und unzuverlässig wie sie war, konnte der Graf Kalkreuth sie nicht dem ungefähren Zufall aufopfern. Er bestimmte sie für den jetzigen Augenblick, wo er ihrer am notwendigsten bedurfte.

Es entstand in dieser Nacht mehrere Male Feuer in der Stadt. Es brannte einmal sogar gegen 1 $\frac{1}{2}$ Stunde.

Mehreres Geschütz kommt an. Der Herzog von Neufchâtel traf Nachmittags ein und durchging die Trencheen. Er hatte seine Zufriedenheit damit geäußert, und fand, dass von dem Belagerungskorps alles getan war, was die Umstände nur je gestattet hatten.

<u>Den 27. April</u>   Es war in dieser Nacht ein Bataillon zum Oliva-Tor, und eines zum Neugartner Tor heraus gekommen, um einen erneuten Versuch gegen Trencheen zu machen. Sie hatten sich links und rechts gewendet, und trafen sich in der Nähe unserer Arbeiter. Der Erfolg war für diese Bataillons sehr unglücklich. Sie wurden standhaft empfangen. Der Feind verlor 36 Tote und 16 Blessierte nach seinen eigenen Angaben.

An den Hagelsberg, der durch unser Feuer gelitten hatte, besserte man in dieser Nacht viel aus, ja man hatte sogar gegen die Batterien des Stoltenberges Trencheen gebaut, die ihn von daher ziemlich schützten.

Der Graf Kalkreuth erbat sich einen 2stündigen Waffenstillstand, um seine Toten zu begraben. Es wurde ihm von 3 - 5 Uhr zugestanden. Ein weit stärkeres Feuer als je bezeichnete den neuen Anfang der Feindseligkeiten.

In der sächsischen Batterie blieb der Feuerwerker Fährmann. Eine Kanonenkugel riss ihm die Hälfte des Kopfes weg. Der Verlust dieses Mannes ist sehr bedeutend. Schon in den Campagnen am Rhein machte er sich durch seine große Brauchbarkeit bekannt.

<u>Den 28. April</u>   In den Trencheen war nichts von Bedeutung vorgefallen. 1 Mann von Bevilaqua blieb. 1 Mann von Sänger schwer verwundet, 1 Mann von Sänger vermisst, 1 Mann von Sänger, so gestern blessiert, starb. - Von der Britzky'schen Kompanie wurden mehrere Deserteurs gemeldet. Von der nämlichen Kompanie sind bereits in diesem Monat 7 Mann entwichen. Muss es nicht der Wunsch eines jeden sächsischen Offiziers sein, das strengste Beispiel über Entweichen ergehen zu sehen? Es ist empörend, sich unter Soldaten zu finden, die einst als das Muster an Treue und Zuverlässigkeit galten, und jetzt zu ganzen Trupps feig und schändlich davon gehen. In den Nachmittagsstunden wurde 1 Gemeiner von Sänger verwundet.

Man hatte in der Nacht eine neue Redoute innerhalb der Schanze No. 6 angefangen und sie durch Laufgräbern verbunden. Sie wurden jener Seits en flanque sehr beschossen, jedoch nur ein einziger Mann von Sänger durch eine Kartätschkugel stark verwundet.

<u>Den 29. April</u>   Gestern Abend $3/4$ 11 Uhr unternahm der Feind einen Ausfall mit 3 oder 4 Bataillons, wenigstens geben die Gefangenen ihre Anzahl so an. Er näherte sich denen zunächst am Hagelsberg gelegenen boyaux, in welchem sich die Arbeiter vom Regiment Bevilaqua befanden. Zeitig genug entdeckten sie ihn, und waren eben im Begriff Feuer zu geben, als ein französischer Offizier es untersagte, indem er seine Landsleute zu erkennen glaubte. Es begünstigte dieses die Annäherung des Feindes, von dem, als man den Irrtum bemerkte sich 6 - 8 Mann, die sich vorgewagt hatten, auf Wer da! als Deserteurs angeben. Indem man diese in den Graben aufnehmen wollte, geben die Preußen Feuer, und eben so schnell drangen sie in die boyaux ein, und suchten die 2. Parallele zu gewinnen.

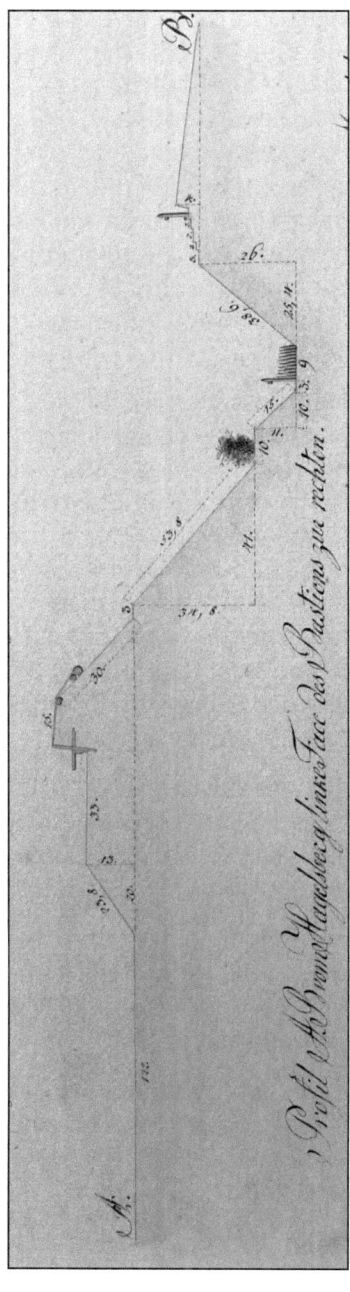

Abb. 03

Der Generalmajor von Oebschelwitz rückte sogleich mit dem 1 Bataillon Anton und den 2ten Bataillon Sänger gegen die 2te Parallele zur Verstärkung der Besatzung vor, und kommandierte 2 Kompanien unter dem Hauptmann Tilling, von Anton, der dem Feind gegen die boyaux entgegen eilte. Mit vieler Entschlossenheit wurde er angegriffen und nach einer sehr tapferen Gegenwehr geworfen. Im Ganzen sind vom 19^e Regiment 2 Offiziers tot, 1 blessiert und 1 Ingenieuroffizier vermisst, übrigens gegen 50 Tote und Blessierte. Sächsischer Seits 3 Anton, worunter 1 schwer, 2 Sänger, 1 Bevilaqua blessiert, 5 Bevilaqua vermisst.

Die Anzahl der Gefangenen beträgt 103. Der Hauptmann Tilling rühmt in seinem, an den Generalmajor von Oeschelwitz gerichteten Rapport das Benehmen des Leutnant Schneider, der schon einigemal Beweise seiner Entschlossenheit gegeben hatte, sowie den Sergeant Wolfert der Britzky'schen Kompanie. Unter andern machte der Erstere eine Patrouille mit 6 Mann gegen die vordersten Werke, bei der ebenso viel Klugheit als Bravheit angewendet werden musste, und die ihn auch dem beim Trupp des Hauptmann Tilling befindlichen französischen Offizier vom Generalstab so bemerkbar machte, dass er ihm dringende Empfehlung zusicherte.

Auch für den Hauptmann Tilling gab es bei dieser Aktion vorteilhaft Momente, die die gute Meinung, in der dieser Offizier bereits steht, vollkommen bestätigte. Er sowie der Leutnant Schneider verdienen die ehrenvollste Erwähnung.

Der Badische Leutnant von Holfigen vom Regiment Markgraf Louis rühmt den Musketier Hoenzsch vom Regiment Anton ganz vorzüglich, der sich in der Dunkelheit der Nacht zu seinem Trupp fand und mit diesem focht.

Es muss noch bemerkt werden, dass der Tambour Lege, der beim Übersteigen über die Brustwehr beide Trommelstöcke verlor, entschlossen genug war, gleich darauf mit der Degenscheide Alarm zu schlagen.

Des Kaisers Majestät haben das Kreuz der Ehrenlegion erteilt dem: Obersten von Hartitzsch   Bevilaqua
                    Hauptmann von Schönfeld   ´´

Leutnant von Obernitz.   ,,
Schützen Hempel   ,,
Tambour Horn   ,,
Korporal Wolf   ,,
Korporal Reimann

Den 30. April   Der Generalleutnant von Polenz erteilte den 5 ersten öffentlich das Diplom und Kreuz, mit Ausnahme des Hauptmann von Schönfeld, dem es in seiner Schanze durch den Hauptmann von Haake zugesendet wurde. Der Oberst von Hartitzsch avancierte den Schützen und den Tambour wegen ihres Wohlverhaltens zu Korporals.

Es traf der Hauptmann von Tettenborn ein, welcher mit Munition und pp. aus Sachsen kam.

Mai 1807

Den 1. Mai   Das gegen den Hagelsberg ganz in der Nähe desselben angefangene Werk nähert sich seiner Vollendung, und werden die aus der 2ten Parallele dahin laufenden boyaux nicht nur verbunden, sondern auch rechts ein Laufgraben angelegt, der gegen das Neugartner Tor hinführt. Man will dadurch den Ausfällen aus Neugarten entgegen arbeiten.

Den 2. Mai   Das Feuer dauert mit mehr oder weniger Stärke fort. Die Anzahl der Blessierten und Toten vermehrt sich nicht beträchtlich.

Es traf heute neue Ersatzmannschaft im Lager ein.

Den 3. Mai   Auf dem Felde zwischen Pitzkendorf und Michau, ließ der Marschall die gesamte Kavallerie die Revue passieren und einige Bewegungen machen.

Den 4. Mai   Das Feuer war heute in mehreren Stunden heftiger als je. Drei neu angekommene sehr schöne Metaller-Mörser warfen mit sehr glücklichem Erfolg in die feindlichen Werke. Eine Kugel, die unglücklicherweise unter die Arbeiter von Bevilaqua kam, noch ehe sie angestellt waren, tötete davon 5 und blessierte 4 schwer.

Den 5. Mai   Der Marschall ließ die gesamte Kavallerie abermals zwischen Langfurt und Oliva manövrieren. Er war äußerst zufrieden. Besonders äußerte er ein wirkliches Vergnügen über das Regiment Kürassiers.

Den 6. Mai   Es wurde heute weniger als an irgend einem Tag geschossen. Mehrere Kähne, die man auf Wagen herbeibrachte, setzten eine Unternehmung voraus, die gegen das andere Ufer ausgeführt werden sollte.

Den 7. Mai   Der Feind hatte auf den rechten Ufer der Weichsel den Holm retrenchiert, und mehrere Batterien durch das ganze verbunden; so wie er noch auf dem diesseitigen Ufer eine sehr große Schanze besaß, die neben der alten, so genannten Kalkschanze errichtet, und für beide Teile nur desto bedeutender war, als sie bereits die 2te Parallele enfiliert, die sich nur durch sehr große Traversen dafür sichern konnte. Auf jener Seite blieb der Holm, so wie er jetzt befestigt war, ein Posten für den Feind, der ihm gegen die Nehrung und Weichselmünde immer noch einen festen Fuß gewährte, und der uns schlechterdings verhinderte, mit unseren Truppen auf der Nehrung in eine schnelle Verbindung zu treten. Wir mussten diese auf Umwegen in einem Kreis von 12 Stunden suchen.

Die Nacht vom 6ten zum 7ten war bestimmt diese Redouten zu nehmen. Dreihundert Mann Franzosen wurden unter dem Obersten Aimé nebst 9 Offiziers, hauptsächlich aus der Pariser Garde ausgewählt und zuerst übergeschifft, ihnen folgten mehrere, auch ein Detachement Polen.

NB.: Von der Nehrung aus griff gleichzeitig 1 Kompanie Franzosen, das Grenadierbataillon Süßmilch und einige Polen den Holm durch Überschiffung des Fahrwassers an. Der Verlust war 1 Capitaine und 5 Soldaten der Franzosen.

Alle Truppen standen während des Gefechtes unter dem Gewehr.

Ungeachtet eines heftigen Kartätschenfeuers landete man. Die Truppen teilten sich zu beiden Seiten, mit der größten Entschlossenheit und ohne einen Schuss zu tun wurden sie bestürmt. Der größte Teil der Besatzung bestand aus Russen. - Trotz ihrer außerordentlichen Gegenwehr wurde der Holm nach Verlauf einer starken Stunde genommen. Es war nach 2 Uhr des Morgens.

Jetzt erst ging der Hauptmann von Berge mit der Oberstleutnants und Langen'schen Kompanie vorwärts, sowie ein starkes Detachement der Nordlegion, um die diesseitige Schanze anzugreifen. Der Leutnant von Sahr sollte dieses mit 50 Mann en front tun, so wie eine Grenadierkompanie der Legion den gleichen Befehl erhielt. Das übrige Kommando wollte die Schanze umgehen und im Rücken nehmen. Der Befehl wurde bald und nachdem der Leutnant von Sahr gleich anfänglich blessiert worden war, dahin abgeändert, dass der Hauptmann von Berge die Schanze in Front und Flanke angriff, indem die Kompanie Grenadiers der Nordlegion solche umging. Mit 25 Mann näherte er sich zuerst und war genötigt, über die Balken, von der man die Brücke abgeworfen hatte, heran zu gehen, und das Tor einzusprengen. Während dieser Zeit näherte sich die nurerwähnte Kompanie nebst dem übrigen Kommando und unterstützte den Hauptmann von Berge und die mit ihn zugleich eingedrungenen 25 Mann. Drei Offiziers, 164 Mann ergaben sich, 2 Piecen und eine Menge Feuer- und Seitengewehr wurde erobert.

Die Entschlossenheit des Hauptmann von Berge steht mit seinem Benehmen in der genauesten Verbindung. Beides gereicht ihm zur Ehre. Vorzüglich empfiehlt er

den Korporal   Jurcken und
die Gemeinen   Schelcke und Jeserke

Jurcke und Schelcke waren zuerst bemüht, das Palisadentor zu sprengen, und da es zuviel Schwierigkeiten verursachte, sprang Jeserke über die Palisaden, um es von innen zu öffnen.

Der Gewinn dieser ganz vortrefflichen Unternehmung besteht in:

	2 Haubitzen und 15 Kanonen	
Gefangen	6 Offiziers	Russen
	8 Unteroffiziers	ˮ
	159 Gemeinen	ˮ
	5 Offiziers	Preußen

17 Unteroffiziers   Preußen
266 Gemeinen   ''

89 Blessierte ins Lazarett gebracht

Wogegen unserer Seits

    2 französische Offiziers   tot
    40 Unteroffz. und Gemeine   ''
    von mehreren Truppen
    67 Franzosen blessiert waren

Sächsischer Seits

1 Sousleutnant v. Sahr blessiert (durch die Hand geschossen)
1 Gemeiner Oberstleutn.Komp. Sänger   tot
1 Korporal, 3 Gemeine   ''   '' schwer blessiert
2 Gemeine v. Langen'schen Komp. ''   leicht blessiert

An Toten und Verwundeten hat der Feind sehr bedeutend ver-loren, sowie er seine Magazine einbüßte, die er auf dem Holm als den Ort etabliert hatte, der ihm am sichersten schien. Da er diese nicht retten konnte, suchte er sie in Brand zu stecken. Inzwischen war schon mehreres in unserer Gewalt, besonders eine bedeutende Anzahl Vieh und Gemüse, ehe er seine Ab-sicht erreichte.

Mehr als durch dieses alles und ganz ohne Vergleich gewann man dieser Seits an Punkten, von denen man nunmehr den Hagelsberg und gesamte Werke der Festung gegen die Weich-sel hin in Rücken nahm. Auf dem rechten Ufer derselben bleibt den Preußen auch nicht ein fester Punkt und unsere Kommunikation mit jenen Truppen auf der Nehrung wird in wenigen Tagen ganz hergestellt und gesichert sein.

<u>Den 8. Mai</u>   Der Leutnant Zandt von der Artillerie war in dieser Nacht durch einen gesprungenen 12-Pfünder leicht blessiert worden.

Man war den Palisaden so nahe gekommen, dass man nun-mehr auf ihre Vernichtung denken konnte. Es erhielten 2 Kompanie Voltigeurs diesen Auftrag, die ihn mit unglaublicher Kühnheit, aber auch entgegengesetzt mit bedeutendem Ver-lust ausführten. Sie drangen bis in den Graben vor. - Man entdeckte den Eingang einer gegen uns angelegten Mine und nahm 12 Arbeiter darinnen gefangen. Schon dieses war ein großer Gewinn jener Unternehmung.

Es sollte um 9 Uhr mit der größten Anstrengung gegen die Festung gefeuert werden. Es wurde untersagt und man schoß nur sehr mäßig und selten. Es wurden hieraus eingetreten Unterhandlungen vorausgesetzt; man überzeugte sich übrigens bald von dem Unrund dieser Vermutung.

<u>Den 9. Mai</u>   Um sich von der Größe des Verlustes zu überzeugen, den der Feind erlitten hat, dient folgende Bemerkung, die durch die Konsignation des französischen Hauptquartiers bestätigt sind. Es geht diese Anzeige bloß bis zum Tag der Expedition gegen den Holm, deren Resultate hier nicht mit inbegriffen sind.

An Deserteurs habe sich gemeldet:

Gefangen sind:

An wirklich in Aktivität sich befindenden Geschützen, gleichfalls mit Ausnahme dessen, was auf dem Holm erobert worden, befinden sich hier:

> 24-Pfünder
> 12-Pfünder
> Mortiers
> Haubitzen[3]

<u>Den 10. Mai</u>   Immer noch wird das Feuer sehr matt unterhalten. - Es war die Absicht heute den Hagelsberg zu stürmen, schon waren bereits die geheimen Befehle hierzu gegeben, als es plötzlich nach 10 Uhr vormittags widerrufen wurde. Die Gründe hierzu sind gänzlich unbekannt.

Der Leutnant von Planitz, der zur Eskorte des 1. Transports aus Sachsen kommandiert worden war, starb an einem hitzigen Faulfieber in Langenau.

<u>Den 11. Mai</u>   Die Ruhe, in der wir seit einigen Tagen gewesen waren, wurde schnell unterbrochen. Die Flotte von wenigstens einigen 50 Schiffen landete bei Fahrwasser und

---

[3] Es werden im Journal hierzu keine Zahlen hierzu aufgeführt.

Weichselmünde unter sehr günstigem Wind, der der darauf befindlichen Mannschaft sofort die Ausschiffung gestatte. Man erkannte die Schiffe größtenteils für preußische und englische, sogar glaubte man schwedische darunter zu erkennen.

Die Anzahl der Truppen, die diese Flotte bringen konnte und wirklich brachte, war schwer zu bestimmen, die der Kanonen gar nicht.

Es war die Meinung des Marschalls, mit dem 23e Chasseur Regiment und einigen Truppen über die Weichsel zu gehen und er beorderte in dieser Hinsicht den Generalleutnant von Polenz mit der sächsischen Kavallerie bis Neuschottland vorzurücken. Eben als diese Ordre schon vollzogen wurde, kam ein Gegenbefehl. Der Marschall selbst kehrte zurück, um andere Vorkehrungen zu treffen.

<u>Den 12. Mai</u>   Die gesamte Kavallerie des Korps rückte früh 3 Uhr hinter das Lager oder Infanterie. Es war hiervon das 23e Regiment ausgenommen, welches die Posten vom Oliva-Tor bis gegen Fahrwasser besetzt hielt. Die Flotte beschäftigte sich wahrscheinlich it der Ausschiffung. - Gegen Mittag rückte die gesamte Kavallerie nach Neuschottland und Langenfurt. Bedeutende Feldwachen, die nunmehr von Franzosen, Sachsen und Badnern gemischt waren, und wozu die Kürassiers ein starkes Piket gaben, sicherten uns.

Dem Kommando des Generalleutnants von Polenz wurde noch eine reitende Batterie von 4 Piecen unter dem Hautmann Philippot zugegeben.

<u>Den 13. Mai</u>   Der Marschall befahl früh 2 Uhr, als er durch Langenfurt ging, das Ausrücken der Kavallerie selbst.

In dieser Nacht war die gesamte diesseitige sächsische Infanterie nebst einigen Bataillons Franzosen au bivouac bei Neuschottland gerückt.

Der Feind verhielt sich ruhig und noch hörte das Ab- und Zugehen der Schiffe nicht auf. So wie er inzwischen seine Verstärkung erhalten hatte, eben so bekamen auch wir eine sehr bedeutende Unterstützung. Der Marschall Lannes traf mit der Grenadier-Division Oudinot und diesem General um 2 Uhr in

Langenfurt ein. Außer jener Division kam auch noch das 9e Husaren Regiment an.

Die Kavallerie des Korps musste Langenfurt verlassen, und wurden die Chevaulegers über Oliva zur Bewachung des Seestrandes postiert, die Kürassiers bezogen die Höfe zwischen Oliva und Langenfurt, das 23e Regiment behielt seine Quartiere in Neuschottland, der noch hier seiende Teil des 19e Regiment wurde nebst dem Detachement Badner Husaren nach Muckau gelegt. Die polnische Kavallerie blieb in Wonneberg und besetzte die Feldwache bei Zigankenberg.

<u>Den 14. Mai</u>   Es bleib alles auf dem festen Lande ruhig. Das Ab- und Zugehen der Schiffe hörte noch nicht auf. - Früh um 4 Uhr rückte die Kavallerie auf dem Rendezvous zusammen, jedoch nach kurzem wiederum ein.

Dem Posten der Chevaulegers am Meer wurde ein Detachement von 200 Mann badnerscher Infanterie zugegeben, um die Küste in einer weiteren Ausdehnung nach Hella zu, zu decken.

<u>Den 15. Mai</u>   Die Festung Weichselmünde machte in mehreren Kolonnen einen Ausfall, der von Seiten des Feindes mit der größten Schnelligkeit unternommen und ebenso ausgeführt wurde. Indem eine Kolonne an der See herab, die andere gegen Heubude, alle jedoch in der Absicht vordrangen, des Holms sich zu versichern und über die Fähre Mannschaften nach Danzig zu werfen, lief nun gleich so schnell als möglich gegen die Vorposten, warf diese, und kam mit ihnen zugleich auf das Bataillon Max, das der großen Schanze rechts, Front gegen Weichselmünde, postiert war. Es musste sich zurückziehen und konnte nur sich setzen, als der in einiger Entfernung dahinter stehende Major von Süßmilch mit 2 Grenadiers-Kompanien von Oebschelwitz /: 2 Kompanien von Clemens standen auf dem Holm :/ herbei eilte, dadurch dem Bataillon Max Zeit, sich zu sammeln verschaffte, und mit diesem den Feind von neuem angriff und warf.

Dieser hatte inzwischen eine, in der linken Flanke dieser beiden Bataillons liegende kleine Redoute genommen, die von den Polen besetzt war. Dies nötigte jene, sich abermals zurück zu ziehen, wodurch sie noch mehr dadurch gezwungen wurden, dass die in ihrer rechten Flanke stehenden 2 Bataillons Pariser Garde zu weichen anfingen, sowie das nebenan postierte 1ste Bataillon des 2e leichten Regiments, der überlegenen Gewalt nicht widerstehen konnte.

Während dieser sehr bedeutenden Ereignisse waren 200 Mann vom Grenadier-Bataillon Larisch in der diesseitigen Schell-Mühle als Arbeiter eingetroffen. Der Marschall Lefebvre den das Feuer auf der Insel herbeigeführt hatte, fand diese Mannschaften. Er machte ihnen den Vorschlag, sich freiwillig überzusetzen /: die Kommunikation ist durch 2 an Seilen laufende Fähren gesichert :/ ihren Kameraden zu Hilfe zu eilen, und an den Gefechten teilzunehmen. Sie unterzogen sich diesem Auftrag ebenso willig, als sie ihn mit Entschlossenheit ausführten. Sie vereinigten sich schleunigst mit den Bataillons Süßmilch und Max, und warfen den Feind auf allen Seiten. Das Bataillon Anton, welches zufällig in mehrere Teile einzeln zerstreut war, wirkte tätig mit, so wie die französischen Bataillons dadurch Zeit sich zu sammeln bekamen, auch eilte die wenige auf der Nehrung befindliche französische Kavallerie herbei, und griff den Feind von der Seeseite an.

So dauerte dieses Gefecht in einem sehr eingeschränkten Raum von 4 Uhr des Morgens bis 10 Uhr Vormittags. Der Feind verfehlte seinen Zweck gänzlich und verlor eine verhältnismäßig ungeheure Anzahl von Toten. Man gibt sie gegen 1.000 an. Auch unserer Seits konnte der Verlust nicht unbedeutend bleiben. Es hatte:

das Bataillon Anton	7 Tote; 1 Major v.Klitzing, 19 Mann blessiert, 4 Mann vermisst
das Bataillon Max	2 Feldwebel, 1 Korporal, 10 Gem: tot 4 Offiziers (Hptm.v. Taube; Ltn. Franken, Planitz; Fähnd. Wolffersdorf) 5 Unteroffz., 106 Gemeine blessiert
das Bataillon Süßmilch	2 Tote, 1 Major v.Süßmilch leicht, 1 Pltn. v.Gärtner leicht, 1 Ltn. Funk schwer und tödlich blessiert, desgl. 18 Unteroffz. und Gemeine

das Bataillon Larisch vermisst 7 bis 8 Gemeine, von denen man noch nicht weis, ob sie gefangen oder tot sind, oder aber ob sie sich noch finden werden.

Gefangen wurden wenige: 1 preußischer, 1 russischer Offizier und ungefähr 35 Mann.

Der Verlust der Franzosen ist dem unsrigen gleich. Das Bataillon des 2^e Linien-Regiments hat 8 Tote und 79 Blessierte, auch hat der kleine Teil Kavallerie, der auf der Nehrung sich befindet, viel gelitten.

Die Erhaltung dieses so wichtigen Postens war gewiß gegen die Erwartung des Feindes behauptet und gegen diesen Gewinn eben, sowie gegen den Verlust des Feindes, war unsere Einbuße gering.

Der größte Teil des Ruhmes an den heutigen Tage gehört den Sachsen. Der Leutnant Franke, der bei dem letzten Vorgang mit 20 Gemeinen von Max die kleine, von den Russen uns entrissene Schanze, nebst der darin befindlichen Kanone, wieder nahm, der Leutnant Häußler von eben diesem Regiment, sowie der Leutnant von Bourk vom Grenadier-Bataillon Larisch werden besonders empfohlen.

Das diesseitige Korps blieb müßiger Zuschauer.

Nachmittags traf bei Oliva das 72^e Regiment, zum Korps des Marschalls Mortier gehörig, ein.

Den 16. Mai   Früh 3 Uhr Alles auf dem Platz. - Es blieb ruhig. - Man wollte in einiger Entfernung eine Kanonade gehört haben.

Den 17. Mai   Gegen 3 Uhr machen ungefähr 100 Mann Kavallerie und 150 Mann Infanterie einen Ausfall von Fahrwasser, gegen die Vorposten. Werden zurück gedrängt, kommen zum 2ten Mal und erfahren ein gleiches Schicksal. Das Korps rückte aus. Der Marschall kam mit dem Marschall Lannes an. Es wurden von Seiten der Kavallerie einige Bewegungen gemacht. Beide Marschälle waren damit sehr zufrieden.

Die französischen Grenadiers machten unter dem General Ruffin einige Bewegungen.

Es verbreitet sich die Nachricht, dass die Preußen gestern gegen Pillau zu gänzlich geschlagen worden sind. Es erklärt sich hieraus die gestern bemerkte Kanonade.

Den 18. Mai   Die Vorposten meldeten, dass man 9 Schiffe habe abfahren sehen, auch sollten andere wiederum gekommen sein.

Gegen Abend fing sich ein bedeutendes Klein- und Großgewehrfeuer in den Trencheen an, das mehrere Stunden ausdauerte.

Der Feind harte soviel Haubitzgranaten in die vorderen Boyaux geworfen, dass die Mannschaft sich zurück ziehen musste. Diesen Augenblick benutzten die Preußen, sprangen über und vernagelten 1 Haubitze. Sie wurden augenblicklich daraus vertrieben. Der Verlust war von beiden Seiten nicht allzu groß. Zwei preußisch Offiziers waren geblieben. Man bedauerte an eben diesen Tag nur früher erfolgten Verlust zweier französischer Ingenieur-Offiziers. Die Haubitze war nicht vollkommen vernagelt, wie man denn überhaupt jetzt Mittel hat, vernagelte Kanonen in kurzen wieder herzustellen und brauchbar zu machen.

Den 19. Mai   Früh alles ruhig. - Nachmittags faßte ein englischer Schiffscapitain den ganz verwegenen Entschluß, durch unsere Batterien die Weichsel entlang nach Danzig zu segeln, bei dieser Gelegenheit die Brücke zersprengen und Munition pp. einbringen zu wollen. Ein mörderisches Feuer empfing dieses Schiff, das jedoch von Seiten desselben sehr ernsthaft beantwortet wurde. Es wollte zuletzt wenden, geriet dabei auf den Strand und musste sich ergeben. Es war eine 3 mastige ganz neue Corvette. Sie führte 22 Kanonen und waren auf ihr   1 Capitain, 2 Offiziers, 79 Engländer
          2 Offiziers, 40 Mann Preußen worunter der Major Braun vom Generalstab und ein russischer Offizier. Die hauptsächlichste Ladung bestand in 200 Zentnern Pulver.

Sobald sich das Schiff ergeben hatte, suchte man feindlicher Seits, es in Brand zu stecken. Dies gelang inzwischen nicht und man schiffte fortwährend aus.

Man erfuhr bei dieser Gelegenheit, dass der Oberst Schüler in Weichselmünde kommandierte, und dass die Russen ihren Verlust an Toten und Blessierten bei der Affaire am 15ten auf 1.200 Mann selbst angaben.

Der Rittmeister von Ferber und Leutnant von Taubenheim, welche beide dem Marschall zugegeben sind, bekamen das Kreuz der Ehrenlegion. Letzterer hatte sich aber auch am 15ten, wo er auf Befehl des Marschalls die Grenadiers auf die Insel führen musste, besonders hervorgetan.

Die ausgezeichnete Bravheit des Leutnants von Bourk vom Regiment Sänger an eben diesen Tage wird immer durch mehrere belege dargetan, und findet mehr und mehr Bewunderer. Schon bei einigen Gelegenheiten zeigte er seine Entschlossenheit und seinen vortrefflichen Willen.

Der Leutnant Funk vom Regt: Oebschelwitz starb heute an seinen Wunden. Er war ein junger verdienstvoller Mann, und der einzige Sohn seiner Eltern, die ihn unbeschreiblich liebten.

Den 20. Mai   So wie man mit dem Feuer aus der Festung gegen das eroberte Schiff fortfährt, so läßt man sich dieser Seits mit der Ausschiffung nicht stören.

Der heutige Tagesbefehl enthielt das Detail des Expedition gegen Pillau. Preußen und Russen, hauptsächlich erstere, drangen gegen die Nehrung vor, um sich mit dem Generalleutnant vom Kominzky zu vereinigen, der die Russen, so in Weichselmünde gelandet sind, kommandiert. Die Generale Beaumont und Albert griffen sie an, schlugen sie und machten 900 Gefangene. 4 Kanonen fielen in ihre Hände.

Der Befehl schließt übrigens mit den merkwürdigen Worten:

Sa M. l'Empereur temoigne sa satisfaction au Marechal Lefebvre, et aux troupes qui composent son corps d'armée. Il attend d'eux qu'il lui apprendront bientôt que Dantzig est en notre pouvoir.

Der Leutnant v. Raab erhielt das Kreuz, sowie der Gemeine Rothe.

Den 21. Mai   Gegen Mittag traf ein Regiment Würzburger und das 27e leichte Regiment ein.

Das ganze Korps trat um 6 Uhr Abends unter die Waffen. Der Sturm auf den Hagelsberg war angeordnet. - Es hatten sich inzwischen Unterhandlungen mit der Festung angeknüpft, seit mehreren Stunden fand sich ein kaiserlicher Adjutant, Oberst Lacoste, in der Stadt. Schon sein langes Verweilen sehen eine gute Vorbedeutung. Endlich wurde General Drouet geholt - der Sturm unterblieb. Um $1/2$ 11 Uhr rückte die Truppen wieder ein.

Marschall Lannes ging augenblicklich ins kaiserliche Hauptquartier ab.

Das Feuer wurde gegen die Festung von beiden Seiten eingestellt.

Den 22. Mai   Ruhe. - Die Sachsen auf der Nehrung werden in ein Lager bei Heubuden gezogen. - Hauptmann von Mandelsloh mit dem Transport angekommen.

Den 23. Mai   Ruhe. - General Drouet hielt sich mehrere Stunden in Danzig auf.

Den 24. Mai   Ruhe. - Abermalige Unterhandlungen mit dem Feind, die zum Zwecke führen sollen. - Auch Weichselmünde und Fahrwasser verhalten sich ganz ruhig. - Nachmittags trifft der Marschall Mortier ein.

Den 25. Mai   Heute wurde die Kapitulation mit der Festung geschlossen und unterzeichnet. Der gänzliche Mangel an Munition, und die Gewissheit, auf ein Entsatzkorps, das bedeutend genug wäre, unsere jetzt sehr starke Armee zu schlagen, nicht mehr rechnen zu können, ferner die Bereitwilligkeit des Kaisers Napoleon, die Unterhandlungen zu erleichtern, bestimmten den Gouverneur Grafen Kalkreuth zu diesem Entschluss. ...

☽ ✳ ☾

Anhang

aus Rapports und Meldungen bestehend, an den kommandierenden Herrn General-Leutnant von Polenz

No.1

Der am 14. März des Morgens von Ew: Hochwoghlgebr: erhaltenen Ordre gemäß, ging ich früh 7 Uhr mit der Chevauxle-
gers-Eskadron ins Hauptquartier Prust; als ich ankam erteilte
der Herr Feldmarschall den Befehl, das 50 Pferde unter einem
Capitain nach Langenfurt abgeschickt werden sollten, der daselbst seine Instruktion erhalten würde, und ich sollte mit dem
Rest in St. Albrecht verbleiben.

Der Hauptmann v.Raschau, Leutnant Dürfeld und v.d.Planitz
gingen nach Langenfurt ab, und als sie eingetroffen und 1
Stunde gefüttert, übernahm der französische Major Montleger
das Kommando, wozu noch 50 Ulanen stießen, und ging in
starken Märschen über Lauenburg bis Manneritz, 3 Stunden
von Stolpe. Bis hierher sollte die Bestimmung sein, Geschütz
von Colberg zu eskortieren, es zeigte sich aber, dass die Absicht sei, eine preußische Streifpartei aufzusuchen. Den 18.
März früh 6 Uhr, da alles gesattelt und nur wenige noch nicht
gezäumt hatten, ward man im herrschaftlichen Hof, wo die
Sachsen und Polen einquartiert waren, eine starke Kavallerie-
kolonne aus dem Wald auf der Straße von Stolpe her gewahr,
alles eilte nach seinem Pferd, und in wenig Minuten kam der
Feind mit den Ulanen-Vorposten zugleich ins Dorf und Hof. Die
Preußen schossen in die Ställe, so dass nicht Alles im Stande
war, zu Pferde zu kommen; das Gefecht ging sogleich mit Er-
bitterung und mit schändlichen Schimpfworten von preußischer Seite an, und vor dem Hofe, wo der Major formieren
wollte, war es wegen der großen Anzahl der Feinde und weil
die Polen durch ihre Unordnung hinderlich wurden, nicht
möglich. Der Tiefweg und viel gefallener Schnee ließen nur
erst vor dem Dorfe sich sammeln. Der Hauptmann v. Raschau
und Leut: v.d. Planitz griffen die Preußen mehrmals an und
warfen sie ins Dorf zurück, um die Zurückgebliebenen noch zu
befreien; allein der Feind - ohngefähr 300 Kavallerie mit 200
Infanterie mit Jägern - war nicht aus dem Dorfe zu treiben, da

die Sachsen zu schwach und die Ulanen bis auf ungefähr 10 Mann die Flucht ergriffen hatten. Der Capit: v. Raschau und Leut: v.d. Planitz zogen sich unter Verteidigung mit Pistol und Säbel bis in einen Wald gegen Lupow zurück. Hier verfolgte der feind nicht weiter, und der Hauptmann zählte außer sich und Planitz 22 Chev:leg: und 10 Ulanen; mit diesen setzte er den Rückzug gegen Lauenburg fort, und erfuhr, dass der Maor Montleger mit Leut: Dürfeld - einigen blessierten und gesunden Dragonern auch größerem Teil der Ulanen in Mallschütz, seitwärts Lauenburg, eingetroffen sei. Er marschierte ebenfalls dahin und der französ: Major brachte den 19. Abends 5 Uhr 31 Mann nach St. Albrecht zurück, und hatte in 33 Stunden 16 Meilen gemacht. - Der Verlust ist 19 Mann und 16 Pferde; was tot, blessiert oder nur gefangen ist, kann noch nicht zuverlässig angegeben werden. Der Feldscher Kummer vom Detachement Johann hat sich nebst des Majors und Hauptmann v.Raschau Bedienten auf dem Transport nach Colberg selbst ranzioniert. Dieser erzählt, dass 3 Dragoner von Johann, 2 von Polenz auf dem Platze geblieben; 3 von Johann und 3 von Polenz sehr schwer blessiert in Stolle liegen. Der Fourier und alle Übrigen seien auch blessiert und mit fort geführt worden. Der Feldscher ist im Gesicht blessiert und durch Kolbenstöße auf der Brust beschädigt, auch deshalb ins Ambulant nach Langenau gegangen.

Unser den Zurückgekommenen ist ferner blessiert, der Capitain v. Raschau einen starken Hieb über den rechten Backen, einen Hieb in den Kopf, mehrere flache Hiebe über Schultern und Arm, so dass wenn sie scharf fielen, er tödlich verwundet war; der Korporal Bahre von Johann und 4 Dragoner teils in Gesicht und Händen; der Trompeter Nürnberger von Polenz stark in die rechte Hand.

Der Verlust, den der Capitain v. Raschau gehabt, sind 2 gute Pferde mit aller Equipage und 250 Taler in Gold, der Leutnant von Planitz ein Pferd mit aller Equipage und 150 Taler. - Dieser Offizier, der im vorigen Feldzug alles verloren, und von Ihrer Majestät 100 Taler Entschädigung bekam, hatte dieses Geld in Posen ausgezahlt erhalten und führte es bei sich. Er hat kein Vermögen und ist also in einer betrübten Lage, das Pferd, so er bei dieser Expedition geritten, ist sehr gedrückt, auch im Kopf blessiert. Ich wollte Ew: Hochwohlgebr: bitten, ihn der Gnade Sr. Königl: Majestät aufs beste zu empfehlen.

St. Albrecht am 22. März 1807   Adolf Ludwig von Schindler
Major

_____

No.2

Erst heute bin ich im Stande, über die Vorfälle sie sich, seitdem ich auf erhaltene Ordre am 18ten d. nachmittags von Prust abmarschiert, zugetragen haben, Rapport abzustatten, da es mir an allem gemangelt, und erst soeben meine Pferde angekommen sind, womit ich Schreibmaterialien erhalten.

Mein Bataillon marschierte benannten Nachmittag durch Langenau, wo es sich mit dem von Prinz Maximilian vereinigte, nach Herrenkreppin, wo wir zusammen ein Nachtquartier erhielten, und von da den 19ten früh nach 6 Uhr aufbrachen und bis Lötzkau marschierten und nach 9 Uhr da eintrafen. Über unsere weitere Bestimmung war nichts eingegangen, weshalb wir die Leute notdürftig einquartierten und kochen ließen. Abends 8 Uhr erhielt ich durch den Oberstleutnant die Disposition zur Landung auf der Danziger Nehrung mündlich. Wir brachen gleich nach 1 Uhr des Nachts auf, um Punkt 3 Uhr an dem Ufer der Wechsel bei Käsemark zu stehen, und um 4 Uhr eingeschifft zu werden. Solches war auch erfolgt und ich war mit den Schützen der 1ten 2ten und 3ten halben Division auf dem ersten und die übrigen halben Divisionen auf dem 2ten Schiffe, in der Ordnung wie das Debarquement zu vollziehen war, eingeschifft. Auf das auf dem rechten Ufer der Weichsel gegebene Zeichen fuhren die Schiffe ab, so wie das Bataillon vom 2ten leichten Regiment Infanterie von dem rechten Ufer. Wir trafen fast zugleich auf der Spitze der Insel ein und ob wir schon bei der Überfahrt von einem preußischen Posten beschossen wurden, wobei und bei der Landung 1 Premierleutnant tödlich und 5 Chasseurs von dem französischen Bataillon und der Kompanie des Hauptmann Christ blessiert worden, von meinem Bataillon nichts, und das Debarquement erfolgte gut und in der Ordnung, wobei wir uns in einer Kolonnen mit halben

Divisionen formierten und dem franz: Bataillon folgten. Der erste preußische Posten ward umgangen und genommen, desgleichen auch der folgende, und es waren 3 Kompanien des Regiments von Diericke gesprengt und gefangen.

Wir marschierten auf dem Damm nebeneinander auf, nämlich das französische Bataillon und meins, welche die 1ste Kolonne unter dem Obersten v. Bräuer formiert hatten. Wir verfolgten alsdann unseren ferneren Marsch auf Schönbaum, Pasewalk, gegen Nickolswalde. Dieses Dorf war mit preußischer Infanterie, und die dahinter liegenden Höhen desgl. mit 4 Kanonen und etwas Kavallerie besetzt, die Infanterie von dem Regimente Kaufberg. Sie verteidigten sich hier einige Zeit, nachdem sie aber aus dem Dorf vertrieben waren, zogen sich selbige auf den Höhen des Meeresstrandes zurück über Bonsdorf bis Neufähre, wo wir jetzt stehen. Sie verteidigten sich hier, wo sie im Holze ihre Stellung hatten einige Zeit, und beschossen unsere auf den Höhen anrückende Kolonne aus den Kanonen und Haubitzen, jedoch ohne uns Schaden zu tun. Sie wurden hier von einer auf dem linken Ufer der Weichsel befindlichen Kanone und Tirailleurs beschossen, von den Sappeurs angegriffen, zu deren Unterstützung eine Kompanie meines Bataillons und zwar die des Hauptmann von Wangenheim vorrücken musste; die franz: Tirailleurs einer Schwadron Chasseurs, einer Schwadron polnischer Kavallerie rückten zugleich am Gestade des Meeres auf die aufmarschierten Kosaken, die von Dragonern unterstützt wurden, vor, und endlich wurde die preußische Infanterie aus hiesigem Posten vertrieben, und zogen sich zurück.

Der General Rouquette kommandierte das preußische hier gestandene Korps und wollte sich mit selbigem nach Danzig ziehen. Es war ihm aber ein Bataillon, die Dragoner und 150 - 200 Kosaken zur Unterstützung aus Danzig zugeschickt worden, mit dem Befehl, sich bis auf den letzten Mann zu wehren. Unser Korps war auf den hiesigen Höhen aufmarschiert, mein Bataillon stand auf dem linken Flügel zwischen den Höhen und dem Walde, der sich bis an die Weichsel erstreckte, und eine Kompanie von meinem Bataillon musste letzteren besonders beobachten und wir erwarteten nun das Übrige,

Der General Schramm, der das ganze Korps kommandierte, gab mir alsdann über meine Stellung die Anweisung, mich bei einem etwa vorfallenden Angriff mit dem Bataillon einige 100 Schritt bis hinter die da befindlichen Sandhügel zurück zu ziehen. Zu dieser Zeit war auch die zum Angriff kommandiert gewesene 1ste Grenadierkompanie von Prinz Clemens wieder eingetroffen, ohne einen Verlust erlitten oder Schuß getan zu haben, da der Angriff nicht abgewartet wurde.

Endlich nach 7 Uhr Abends, als es bereits finster war und bloß der Mond sehr helle schien, erfolgte von preußischer Seite ein starker Angriff. Ich zog mich daher mit einem Bataillon anbefohlener Maßen zurück und machte hinter dem Hügel halt. Hier wurden wir von den Kanonen und Kleingewehr beschossen, ohne solches, dem erhaltenen Befehl zu Folge: keinen Schuß diesen Tag zu tun, erwidern zu können; die uns jedoch nur wenig Schaden getan, und nur 3 Grenadiers blessiert wurden, sowie auch der Hauptmann von Wangenheim, welchen wegen des seit früh 1 Uhr bis dahin, sehr fatiquanten Marsches sowohl als auch, da er zum Angriff kommandiert gewesen, und dadurch sich sehr angegriffen, ich ihm angeraten hatte, zu seiner Erholung sich in eines der hier liegenden Häuser zu begeben, bei dem erfolgten Angriff aber sich von da zurückbegeben müssen, einen Pistolenschuss und Blessur am Arm erhalten hat.

Sobald wir benannte Stellung genommen, rückten 2 Kompanien, nämlich die des Hauptmann von Römer und die 2te von Oebschelwitz im Geschwindschritt vor. Die 1ste Clemens wurde auf Befehl des Hrn, General Schramm zu Deckung des linken Flügels hinter und neben ein Haus gestellt. Benannten Hrn. Generals Absicht war hierbei, wie er mir des andern Tages eröffnete, gewesen, die preußische Infanterie heran zu locken, welches aber nicht geschah, sondern sie zogen sich hierauf völlig zurück. Vermutlich war dieser Angriff geschehen, um ihren völligen Rückzug bewirken zu können.

Endlich muss ich bemerken, das die 1ste Kompanie Oeschelwitz beim Debarquement auf der Spitze der Insel als Reserve stehen bleiben müssen, hierauf ist solche bei dem glücklichen Erfolg nachgerückt und endlich nachts 12 Uhr bis Bonsack gekommen und hier eingerückt, wo sie eben von mir durch einen reitenden Boten die Ordre erhielt, sich mit mir den 21. früh hier zu vereinigen, welches auch erfolgte.

Der Hr. Oberste Bräuer bezeigte mir gleich früh seinen Beifall über das mit Ordnung erfolgte Em- und Debarquementdes Bataillons, und nachher hat nicht weniger der Hr. General Schramm seine größte Zufriedenheit über das Betragen des Bataillons von Anfang bis Ende des Mouvements versichert, auch eröffnet, wie er solches nicht nur Sr Kaiserlichen Majestät gemeldet und gerühmt, auch dieses an unsern König geschehen würde. Ich meines Teils kann bezeugen, dass sämtliche Herrn Offiziers des Bataillons mit Eifer und Distinktion getan, und daher unserm allergnädigsten König zu empfehlen sind, nicht weniger haben Unteroffiziere und Gemeine mit Ruhe, Mut und guten Willen und in großer Ordnung alle Strapazen ertragen und im Gefecht sich musterhaft bezeigt, dass wir mit ihnen zufrieden zu sein Ursache haben, und diese haben dadurch bewiesen, dass sie nicht unter die gehören, so sich von ihren Kompanien entfernt haben.

Der Hauptmann v. Wangenheim hat sich wegen der erhaltenen Blessur nach Langenau begeben, der Hauptm: v. Naso hat Krankheitshalber schon bei unserem Abmarsch von Prust in Langenau bleiben müssen.

Seit dem 20. d. stehen wir hier und biwakieren, das Wetter ist kalt, der Dienst nicht leicht und auch viele Schanzarbeit. Unterdessen sind wir bis auf wenige Kranke gesund.

Wir haben ohne Pferde und ohne eben etwas bei uns zu haben, marschieren müssen, und erst heute ist unser Munitionswagen bei uns eingetroffen nebst einigen Bedürfnissen; die verbrauchten Patronen werde ich neu ersetzen lassen.

Mit Brot und Fleisch sind wir reichlich versorgt, Branntwein aber fehlt.

Die am 18ten in Langenau fürs Bataillon erhaltenen 3 Ochsen, 3 Schöpse und 4 Scheffel Erbsen habe ich den in Herrnkrepin befindlichen Fourier vom Kürass: Regt: König übergeben, um solche nach Langenau an das Kommissariat zurück zu geben, ich hoffe aber gewiß, dass diese Lebensmittel dem Bataillon vorbehalten bleiben, da dessen Verpflegung den 18. 19. und 20ten ohnedies gefehlt, und die Leute bloß mit dem Brote sich begnügen müssen.

Endlich muss ich auch anführen, dass allerdings den gegebenen Befehl entgegen, sich 3 Mann, als 2 Grenadiers und 1 Tambour über die Vorpostenkette heraus bis Heubuden gegangen, da von den Kosaken getroffen und gefangen genommen, und nebst noch einigen andern Soldaten nach Danzig gebracht worden. Wie denn sogar die beiden Grenadiers, als sie sich davon machen wollen, mit Lanzenstichen getötet sein sollen, wie ein von daher hierher gekommener Bursche erzählt hat. Es steht zu erwarten, wie weit dieses gegründet ist, jedoch fehlen solche bis heute wirklich.

Im Lager bei Neufähre unweit Danzig den 23ten März 1807
Friedrich von Süßmilch-Hörnig
Major und Bataillonskommandant

––––––

No. 3

Nachdem ich den 18ten d. Mittags von Ew: Hochwohlgebr: den Befehl erhalten hatte, noch diesen Tag nebst dem Grenad: Bataillon Süßmilch auf Herren-Grebbin zu marschieren, so brach ich, nachdem sich beide Bataillons Nachmittages 4 Uhr bei Langenau vereinigt hatten, mit selbigen dahin auf und traf Abends 1/2 7 Uhr daselbst ein und hielt allda anbefohlener Maßen Nachtquartier.

Den 19ten dieses Morgens früh 6 Uhr brach ich mit beiden Bataillons wieder von Herren-Grebbin auf und marschierte über Truttenau nach Letzkau, wo ich auf Befehl des Kaisers: französ: Brigadegenerals Schramm, an dessen Befehle ich gewiesen war, bis auf weitere Anordnung mit selbigen stehen bleiben sollte.

Nach diesen Abend, als ich in Letzkau eingerückt war, erhielt ich zu der am 20ten bestimmten Expedition auf der Pillau-Insel im General-Quartier zu Fürstenwerder, wo ich hinberufen worden war, selbst den Befehl zu dem vorhabenden Angriff, wozu die Disposition ungefähr folgende war:

Die beiden Bataillons, als das Grenadierbatail: Süßmilch und Musk: Batail: Pr: Max, so in Letzkau stehen, brechen morgen früh ½ 2 Uhr von da auf und marschieren in größter Stille nach Käsemark und von da sogleich an die Wechsel, wo sie bei dem Fährhause Schiffe vorfinden werden. Sobald sie angekommen, schiffen sich beide Bataillons ein, um Punkt 4 Uhr muss alles zum Abfahren bereit sein.

So wie auf dem jenseitigen Ufer das Signal zum Abfahren gegeben wird, fährt das Grenad: Bataillon erst ab und hält sich etwas rechts, diesem folgt das Bataillon Max und selbiges fährt etwas links, dergestalt, dass beide Bataillons zu gleicher Zeit an der Spitze der Insel landen und, wenn solches geschehen, greifen sie den Feind, der diese Spitze besetzt hält, sogleich ohne zu schießen mit dem Bajonett an.

Ich marschierte daher mit beiden Bataillons den 20. März früh 1 Uhr daselbst ab nach Käsemark, und traf um 3 Uhr daselbst ein, setzte meinen Marsch fort bis an die Wechsel und nachdem beiden Batail: eingeschifft waren und das Signal von jenem Ufer gegeben wurde, fuhr ich ab und gerade nach der Insel zu, und wurde von dem daselbst postierten Feind mit kleinen Gewehrfeuer empfangen, welches aber, da es dunkel war und die Preußen zu hoch schossen, keinen Mann blessierte.

Sobald die Landung vor sich gegangen, wurde der Feind mit größter Lebhaftigkeit und ohne zu schießen angegriffen und geworfen, wobei mehrere von dem Feinde getötet, auch viele Gefangene gemacht wurden. Die Bataillons marschierten hierauf auf den Damm, so dicht an der Wechsel fortgeht, auf, und vereinigte sich mit denjenigen Truppen, so bereits gelandet waren und noch landeten.

Ich erhielt hierauf Befehl, den Feind, der sich nach Pillau und längst der Ostsee flüchtete, weiter zu verfolgen und wo ich ihn nur fände anzugreifen, und erhielt hierzu folgende Truppen:

das Batail: Pr: Max
2 Kompan: polnischer Infanterie

1 Kompan: französ: leichter Infanterie
10 Chasseurs à cheval
1 8pfd.ges Kanon unter dem Prleut: Weiser

Mit diesen setzte ich dem fliehenden Feind nach über Krug, Prinzlast, Frauenhuben nach Pasewark auf der Straße nach Pillau nach, aber meine Avantgarde war nicht mehr im Stande, ihn zu erreichen, und ich nahm eine mir befohlene Stellung bei Pasewark, um im Fall, wenn der Feind sich vom Niklaswalde und Bonsak nach Pillau zurückziehen wollte, den Rückzug abzuschneiden, als auch die Straße, so von Danzig nach Pillau führt, zu decken und zugleich das Ufer der Ostsee zu beobachten. Nachdem ich diese Stellung, wo die Insel sehr schmal ist, und solche Niemand unbemerkt passieren konnte, genommen hatte, schickte ich Patrouillen von der Kavallerie, leichten Infanterie und Schützen aus, welche noch 10 Gefangene einbrachten. Mit diesen Patrouillen wurde täglich und stündlich fortgefahren, und von meinen unterhabenden Truppen bis nach Stragen, Stutdorf und Kalberg patrouilliert, welches von mir 3 Stunden entfernt, die auch die Nachricht brachten, dass sich der Feind in aller Eile nach Pillau zurückgezogen habe. In dieser Stellung blieb ich den 20., 21. und 22. stehen und biwakierte daselbst mit meinen unterhabenden Truppen, erhielt aber den 22ten Abends 8 Uhr von dem Brigade-General Schramm den Befehl, mich mit sämtlichen Truppen nach Bonsack zurück zu ziehen und allda eine Stellung zu nehmen. Ich marschierte um 9 Uhr Abends mit selbigen ab und nahm eine Postion bei Bonsack, das Dorf im Rücken habend, und mit der Front nach Pillau zu.

Der Feind soll gegen 2.000 Mann stark auf der Insel gewesen sein, wobei sich gegen 700 M. Kosaken befinden sollen. Der Verlust des Feindes, so auch die Anzahl derer von selbigen gemachten Gefangenen ist beträchtlich, doch noch nicht bestimmt bekannt.

Der General Schramm hat sowohl denen sämtlichen Truppen als auch denen sächsischen Bataillons seine Zufriedenheit über den bewiesenen Eifer, Standhaftigkeit und Entschlossenheit bezeugt, und man kann auch mit Grund der Wahrheit sagen, sowohl sämtliche Truppen, als auch das mir anvertraute

Bataillon Pr: Max den besten Willen, viel Geist und Mut an diesem Tage bewies, und nur Gelegenheit wünschte, den Feind überall zu treffen, weshalb ich das gute Betragen des Bataillons Ew. pp. vorzüglich mit bekannt mache und hiermit den Eifer, zur Ehre des Ganzen beizutragen, deutlich zeigte.

Zugleich melde ich Ew: pp:, dass an diesem Tag weder das Bataillon einen Blessierten gehabt hat, noch weder welche vermisst worden sind. Die Sachsen scheinen vor der Hand sehr gerne Dienst mit den Franzosen zu tun und glaube, dass dieses selbige fernerhin auch durch diesen Geist angefeuert, dreister und entschlossener bei allen Gefahren machen wird.

Auch wird der Major von Süßmilch ebenfalls einen Rapport über die Vorgänge nach der Seite nach Danzig zu an Ew: pp: erstattet haben, da das Grenad: Bat: gleich nach der Landung auf der Pillauer Insel einen anderen Weg nahm und unter die Befehle des französ: Obersten Bruyers zu stehen kam.

Eine russische Kolonne, die 10.000 Mann stark sein soll, wird von Pillau aus zum Entsatz von Danzig vorrücken.

Feldlager bei Bonsack den 24. März 1807
George Friedrich Vogel
Oberstleutnant

––––––

No. 4

Lager bei Heubuden den 29. März 1807

Vorgestern erhielten früh nach 4 Uhr sämtl: im Lager bei Sandkrug oder Neufähre stehende Truppen den Befehl aus- und vorzurücken.

Mein Bataillon brach mit den andern um 6 Uhr auf. Wir marschierten in einer Kolonne auf den Höhen am Meeresgestade, teilte sich hierauf in 2 Kolonnen, weil das 2e Regiment Chasseurs rechts ab, und mein Bataillon, und hinter mir ein polnisches auf diesen Höhen am Walde, solche immer hart linkshaltend, fortging, wo mein Bataillon sich in Linie setzte. Hierauf formierte sich solches wieder in Kolonne, marschierte in Masse durch linksum ab, und zurück, hierauf aber im Walde wieder in Linie auf, wo wir eine Stunde etwa standen, alsdann aber abgeholt wurden, um mit noch 2 polnischen Kompanien unter meinem Kommando nach Heubuden in Eile zu marschieren und die Position an der Weichsel hinter den Hügeln und den Dämmen zu nehmen, so auch erfolgt ist. Wir biwakieren hier und stehen an den linken Flügel des Batl: Max, so in Heubuden steht, halten unsere Posten am Tage hinter den Hügeln und des Nachts an den Ufern der Weichsel. Vor uns steht auf der anderen Seite der Feind in einer Redoute, nicht weit von uns, so tägl: aus Danzig abgelöst werden.

Friedrich von Süßmilch
Major

_____

No. 5

Feldlager bei Heubuden, d. 31. März 1807

Ich erhielt den 28ten d. früh 1 Uhr den Befehl, mit meinen unterhabenden Truppen zu Bonsack, von da aufzubrechen und nach Sandkrug, wo das Bataillon Süßmilch nebst mehreren französ: Truppen kampierte, zu marschieren und allda weitere Befehle zu erwarten.

Nachdem ich des Morgens 4 Uhr da angekommen war, wurde der Tag erwartet, und sämtl: daselbst befindliche Truppen formierten sich nebst den Geschütz in 2 Kolonnen, um den Feind, der noch in und bei Heubuden stand, aus selbigen zu delogieren.

Das mir untergebene Batail: Pr: Max teilte sich auf Befehl des Hrn: General Schramm ebenfalls wieder in 2 Kolonnen und wurden jeder Hälfte des Bataillons noch
1 Kompanie französ: leichte Infanterie
2 Kompanien polnische Infanterie und
25 Pferde der polnischen Kavallerie
zugeteilt. Die eine Kolonne führte ich durch den Wald rechts bei Krackow vorbei, und die andere Kolonne führte der Major von Bockum durch Krackow gerade nach Neubuden und dicht vor letzterem Dorfe vereinigten sich beide letzteren Kolonnen, und nachdem nun der Prem:Leut: Weiser nebst zwei 8pfd.gen

Kanons zu uns gestoßen war, so gingen wir schnell durch Neubuden durch, welches der Feind sogleich verließ, und setzten uns jenseits Neubuden in 2 Kolonnen, die Artillerie in unserer Mitte habend, und die Kavallerie hatte sich in kleineren Trupps nebst den Schützten des Bataillons vor uns in einer Entfernung von 200 Schritt gesetzt. Kaum waren wir da angekommen, so wurden wir von der jenseits der Weichsel an der Vorstadt Knipphof errichteten preuß: Batterie mit Kanonenschüssen empfangen, die aber von dem Prlt. Weiser sogleich beantwortet wurden und die feindl: Batterie zum Schweigen brachte. Bei dieser Gelegenheit zeigten sich etwa 100 Kosaken vor unserer Front, die aber in Zeit von 2 Stunden durch unsere Schützen und Freiwillige von der französ: leichten Infanterie über die Weichsel sich zurück zu ziehen, genötigt wurden.

Hierauf erhielten wir den Befehl, diesseits und jenseits des Dorfes zu marschieren, und allda eine Position zu nehmen, um uns mehr für den Kanonenfeuer zu sichern; hierauf sind 2 Kompanien des Bataillons dicht am Dorfe Neubuden stehen geblieben, um die Kanonen und übrige Stellung zu decken, und 2 Komp: setzten sich hinter dem Dorfe, um das diesseitige Weichselufer zu sichern, als auch die Kommunikation mit dem französischen Oberst Breyer, welcher Weichselmündung blockiert, zu unterhalten.

George Friedrich Vogel
Oberstleutnant

———

No. 6

Auf den Biwak, bei Bonsack d. 4. April 1807

Ew: Hochwohlgebr: melde ganz gehorsamst, dass ich den 2ten d. mit dem Batail: Pr: Max

    1 Komp. Chasseurs, und

    1 Komp. polnischer Infanterie nebst einer 3pfd.gen Piece von der Position bei Heubuden hierher detachiert worden bin, um eine Expedition gegen Pillau zu unterstützen, indem ein Streifkorps Preußen eine Diversion im Rücken des Korps zu unternehmen schien. Nachdem ich bis an die Dünen vorge-

rückt war, erhielt ich den Befehl, die französ: und polnische Kompanie gegen Stigen und Studof vorzuschicken, und gegen Morgen wurden abermals 2 Kompanien vom Bataillon unter Kommando des Majors v. Bockum dahin geschickt, die den 3ten dieses bis Kohlberg marschiert sind. An diesem Tage früh geschah unserer Seits der Angriff, und die Preußen sind geschlagen , teils ins Wasser gesprengt worden.

George Friedrich Vogel
Oberstleutnant

_____

No. 7

Feldlager bei Heubuden, den 9. April 1807

Ew: Hochwohlgebr: habe ich in meinem letzten Rapport gemeldet, dass ich den 2ten d. mit dem Bataillon Pr: Max, und einer französ: leichten Infanterie- und einer polnischen Füsilier-Kompanie in die Position bei Bonsack rücken musste, und hierauf 2 Komp: von meinem Batail: nebst den andern mir zugeteilten Kompanien den 3ten früh vorwärts gegen Pillau zu detachieren musste, indem ein Streifkorps von vermischten preuß: Truppen sich unweit Kohlberg sehen lasse.

Diese detachierten Truppen fanden auch nebst einem Trupp polnischer Lanziers den Feind etliche Stunden unweit Kalberg, griffen ihn an, und wurde, da er ohngefähr 300 Mann stark gewesen sein mochte, geworfen, und 82 Mann zu Gefangenen gemacht, worunter sich 32 Jäger zu Fuß und 2 Husaren befanden.

Diese preußischen Truppen waren von der Garnison Pillau kommandiert worden, um die auf hiesiger Insel stehenden Truppen zu beunruhigen, und wo möglich in unsern Rücken uns immer zu beschäftigen.

Den 5ten Mittags trafen die beiden Komp: meines Bataillons wieder bei Bonsack mit den Gefangenen ein, und ich erhielt noch diesen Tag Befehl, meine vorher gehabte Stellung bei Heubuden, der so genannten Schleusen-Schanze gegenüber zu beziehen, welches auch diesen Tag noch befolgt wurde.

Auch melde ganz gehorsamst, dass bei dieser Expedition, wozu die beiden Kompanien des Capitain v. Gößnitz und von Schlegel, mit kommandiert waren, weder ein Mann blessiert, gefangen oder vermisst worden ist.

George Friedrich Vogel
Oberstleutnant

————

sub A

Korps bei Danzig

Marschall Lefebvre
General Drouet, Chef seines Generalstabes

Französische Generals
Divisions-Generals: Michaux, Gardanne
Brigade-Generals: Pethad, Mennard, Schramm; Jarry, Dosensent, Dufour, Deprez

Sächsische Generals
Divisions-General: von Polenz
Brigade-Generals: v. Oebschelwitz, v. Glaffey, v. Besser /: ohne Anstellung :/

Badensche Generals:
Divisions-Generals: der Erbprinz von Baden, Cloßmann
Brigade-Generals: Vincenti

Polnische Generals
Divisions-General: Gilgud
Brigade-Generals: Sotolnitzki

Späterhin kamen der Marschall Lannes und der General Oudinot, mit den bei seinem Korps stehenden Brigadegenerals hinzu.

Truppen

Infanterie

2 Bataillons Pariser Garden	⎤
2e Regiment leichter Infanterie	|
12e ´´ ´´ ´´	|- Franzosen
19e Linien Regiment	|
44e ´´ ´´	|
72e ´´ ´´	⎦

8 Bataillone Sachsen	⎤
4 Bataillone Badner	|- Nordlegion
6 Bataillone Polen	⎦

Kavallerie

19e Chasseur Regiment	⎤ Franzosen
23e ´´ ´´	⎦

1 Regiment König Kürassiers	⎤ Sachsen
1 Eskadron (190 Pfd.) Chevaulegers	⎦
2 Eskadrons Badner Husaren	
4 Eskadrons polnische Lanziers	

_____

sub B

Artillerie

Divisionsgeneral: Lariboisière

Brigade-Generals: Danthoard, Camartinière

Chef de Brigade: Corde, Chef des Generalstabes; Lehout, Park-Aufseher

Truppen

12 Kompanien Artillerie-Handwerker
1er Kompanie des 5e Regiments Fuß-Artillerie
8e, 14e ´´ 6e ´´ ´´

| 6e, 16e '' | 7e '' | '' |
| 5e '' | 5e '' | zu Pferd |

2 Batterien Sachsen

1 Batterie Badner

1 Batterie Polen

Ingenieurs

Divisions-General: Chasseloup

Brigade-General: Kirgener

Oberster: Lacoste

Major Guillaumin, Park-Aufseher

Chef de Brigade: Sabertier, Roquiet, Stockhorn Trenchemajors

Boissennet v.d.Garde, Aufseher der Arbeiten auf dem linken Ufer der Weichsel

Losecq, desgleichen auf der Insel

Le Blanc, einer der vorzüglichsten Anordner

Truppen

3e und 8e Kompanie Mineurs

1er ''	des	2e Bataillons Sappeurs
1er, 3e-6e, 8e ''	4e '' ''
6e und 9e ''	5e '' ''

Quellen

Hauptstaatsarchiv Dresden,

Bestand 11 339 Generalstab, Akte No. 263

Bestand 11 373 Kartensammlung, KA F005 No. 35a und 35b

––––––

Bei BOD sind in dieser Reihe an Berichten und Tagebüchern bisher u.a. erschienen:

No. 2 Die Berichte der sächsischen Truppen aus dem Feldzug 1806 (I) – Brigade Bevilaqua

No. 3 Die Berichte der sächsischen Truppen aus dem Feldzug 1806 (II) – Brigade Burgsdorff

No. 4 Die Berichte der sächsischen Truppen aus dem Feldzug 1806 (III) – Brigade Dyherrn

No.12 Die Geschichte der reitenden Artillerie 1802 - 1809

No.26 Friedrich Vollborn (III) 28.03.1813 bis 15.03.1814

No.34 Friedrich Vollborn (IV) 16.03.1814 bis 02.01.1816

No.35 Die Berichte der sächsischen Truppen aus dem Feldzug 1806 (IV) - Brigade Cerrini

No.37 Johann Carl v.Dallwitz (18.02.1812-10.09.1815) und Adolf George v.Göphardt (14.05.-22.09.1813)

No.40 Friedrich Vollborn (I+II) 16.04.1808 bis 27.03.1813

No.41 Friedrich Gottlieb Probsthayn – Das Tagebuch vom 14.05.1813 bis 29.09.1814

No.43 August Friedrich Wilhelm von Leysser – Die Erinnerungen des Kommandeurs der Garde du Corps 1812

No.45 Carl Friedrich Ferd. Böhme: Tagebuch 2te Periode (I) 21.06. bis 09.11.1812

No.46 Carl Friedrich Ferd. Böhme: Tagebuch 2te Periode (II) 10.11.1812 bis 11.05.1813

No.50 Tagebücher aus dem Feldzug 1809 (I): Die Infanterie-Brigade von Lecoq